2022年重庆市社科规划项目
“马克思恩格斯知识论原理及其当代价值研究”（2022YC009）

马克思“人的类本质”概念研究

王翕　著

当代中国出版社
Contemporary China Publishing House

图书在版编目（CIP）数据

马克思“人的类本质”概念研究 / 王翕著 . -- 北京：当代中国出版社，2023.12

ISBN 978-7-5154-1314-3

Ⅰ . ①马… Ⅱ . ①王… Ⅲ . ①马克思主义—人类学—研究 Ⅳ . ① A811.62

中国国家版本馆 CIP 数据核字（2024）第 016678 号

出 版 人　王　茵
责任编辑　邓颖君　刘　照
责任校对　贾云华　康　莹
印刷监制　刘艳萍
封面设计　鲁　娟
出版发行　当代中国出版社
地　　址　北京市地安门西大街旌勇里 8 号
网　　址　http://www.ddzg.net
邮政编码　100009
编 辑 部　（010）66572744
市 场 部　（010）66572281　66572157
印　　刷　中国电影出版社印刷厂
开　　本　880 毫米 ×1230 毫米　1/32
印　　张　8.875 印张　2 插页　174 千字
版　　次　2023 年 12 月第 1 版
印　　次　2023 年 12 月第 1 次印刷
定　　价　68.00 元

序 言

“认识你自己！”这句刻在古希腊德尔斐神庙上的无声箴言，为人们展示了一切哲学的依归，那就是人自身。“人就是人的世界。”〔1〕人的奥秘就是世界的奥秘所在。作为自然界最奇特的存在，人自从诞生之日起就以惊奇的目光思考周遭的一切，开启了认识自己和认识世界的智慧之门，走上了探求自然规律与人生意义的无尽旅程。在这个世界中，人到底是什么？人的本性如何？人生的意义是什么？这些关于人的最永恒的话题，是“哲学上最高的东西”〔2〕，也是“哲学探究的最高目标”〔3〕，这个目标从未改变和动摇过，自始至终都是人

〔1〕《马克思恩格斯选集》（第1卷），人民出版社2012年版，第1页。

〔2〕［德］费尔巴哈：《费尔巴哈哲学著作选集》（上卷），荣震华、李金山译，商务印书馆1984年版，第83页。

〔3〕［德］恩斯特·卡西尔：《人论》，甘阳译，上海译文出版社1985年版，第3页。

类一切思想牢固而不可动摇的“阿基米德点”。〔1〕

作为一切哲学的根本关切，主体的人始终居于哲学话语的中心论域。哲学所探寻的问题归根结底就是人与世界相互关系的问题，每一种哲学思想或话语的体系，无论其关注的主题具体是什么，都必然打上“人”的印记。无论“人”是作为某种理论的主体被正面予以关注和探讨还是作为隐藏的主体线索导引着思想的走向，也无论思想者们看没看见、承不承认，人对自身的认识始终是贯穿哲学史的一条主线。在这条主线上，人的本质问题作为核心支点为人确定了基本的定位，也影响着人对自身认识的基本方向。古往今来，多少哲学家、思想家，以及普通人都对人的本质问题进行了反复的追问，可答案至今尚未明确统一。答案的未明决定了追求答案的继续，人的本质的未明也使人们开辟出认识自身的各种形式和路径。也正是人的本质的未明与不定造就了哲学独特的气质，人的哲学思考始终呈现出一种对自身生命之肯定、又对现实存在之否定的矛盾与挣扎，显现为哲学“疑神疑鬼”的反思气质和观点难以趋同的精神痛苦。这种哲学的痛苦就像人深陷于世界的“原罪”，哪怕意义是难以明确的，却仍要去追寻一个存在的合理性。于是人一刻也不能停下来，不能停止思考、不能停止活动，只有在不断地追寻中，哲学中的理想人生和超越价值才会时而闪烁于前方，不使人的世界陷入意义虚无的黑暗。

---

〔1〕 参见［德］恩斯特·卡西尔:《人论》，甘阳译，上海译文出版社 1985 年版，第 3 页。

马克思正是在对“人”的问题的追问中建构起自己的思想脉络。他一生始终秉承着对人的深切眷爱和对人前途命运的殷殷关怀。早在中学时期，17 岁的马克思就在其毕业论文《青年在选择职业时的考虑》中表达了他要为人类服务的崇高理想。大学毕业后他就职《莱茵报》，其间，对现实的人的发现和关怀促成其思想从唯心主义到唯物主义、从自由主义到共产主义的伟大转变。在马克思的整个思想体系中，他关注现实的人及其命运困境，批判资本主义社会对人的摧残和对人的本质的异化；他在对人的本质的思考和把握中，在对现实的挣扎和痛恨中，逐步勾勒和描绘出一种能够使每个人都获得全面自由发展的理想社会形式，为人类社会的发展指明了超越现实的根本方向。可以说，对人的关怀是马克思一切思想理论共同的中心价值，这一价值在他不同时期著作中以不同的形式表现出来，占据了前提性和总体性的地位。正是对人的关注和追问——那些哲学中的经典主题，关于人性、人的本质、人的异化、人的解放等，特别是人的本质问题，不仅成为马克思每次思想演变的动因，还构成了历史唯物主义思想理论建构的基础。

在马克思对人的本质的各种论述中，“人的类本质”是一个非常关键的概念，它不仅体现了马克思对人最基本的看法，还关系着他整个思想体系的内在联系和融贯，十分值得予以学术性的重视。然而，长期以来，马克思“人的类本质”概念并没有得到应有的重视，甚至还存在着相当程度的忽视和误解。特别是在人本主义和科学主义两大西方马克思主义派别的争论中，科学主义对人的类本质的漠视和抛弃说曾一度使这一概念濒临消解，由此也造成了人们对马克思思想体系整体性、连续性的质疑。当然，也有很多的马克思主义者致力于捍卫马克思的基本人学立场，肯定他早期谈论“人的类本质”概念的意义。马克思在对前人思想的继承和批判中赋予这一概念以实践和历史的具体内容，并以此构成了他后期思想建构的基础。的确，马克思反对传统的形而上学，批判德国古典哲学中虚无抽象的人的本质概念。但反对不是否定一切，批判也是为了重构，马克思所关注的人不是虚无的，而是辩证的；不是脱离现实的，而是自由有意识地活动着的人。他所论述的“人的类本质”概念也不是纯粹抽象的，而是一种具体普遍性的概念，是现实人之生存状态和真正的人之自由与解放之间相互统一的依归。如果没有这样一个概念，人的存在就失去了普遍的标准和依据，就会犹如无根的浮萍而随波逐流，最终丧失共同的价值和意义。

近代以来，正如马克思所批判的那样，随着资本主义商品经济的发展和市民社会的兴起，人们普遍变成了私有财产的奴隶，人的类本质也异化并淹没在物欲横流的现实之中。在科学发展、理性膨胀的现代、后现代，人们更是在对物的追求和信仰中与哲学理想渐行渐远。人们不再重视人类终极价值的善，而是主张个人权利至上、利益多元和价值的相对化，这导致人们在经济全球化的现实中日益失去可以相互沟通的公共性价值基础。一些思想家甚至高高举起拒斥形而上学的大旗，力图把人的本质、类本质这样的概念给消解掉，为其所谓的个性多样化发展（实则私欲的膨胀）开辟更广阔的自由空间。实际上，他们并没有体会到哲学对人最深层次的关怀和慰藉，就贸然割断了形而上本质与现实间存在的联系。如今各种事实和现象都已经证明，这样的做法并没有使世界变得更美好，反而造成诸多全球性、普遍性的现实问题，如环境污染、生态失衡、核弹威胁、地区冲突等；利益、权利的至上性也没有使现代人变得更加幸福，人们反而普遍地在物质越来越丰富的社会中越来越看不到前进的方向和动力、感觉不到人生的意义所在。现代人内心的空虚和迷茫成为时代之痛！他们消解了虚无，现实就滑向了虚无；他们消解了人的本质，人就迷失在本质缺乏的空洞之中。时代之痛呼唤着人主体性的归位，也呼唤着对人的本质的重新认识和肯定。本书立足于对马克思“人的类本质”概念的研究，或许能够在对马克思人的本质思想的阐释中，使人们重新认识自身，拨开那些遮蔽历史已久的缭绕云雾，让马克思主义的真理之光照亮现代人的精神家园，再次支撑起那个属于人的“阿基米德点”。

目　录

导　论

一、研究的背景和基础

马克思对“人的类本质”概念的论述主要集中在他早期著作中。《莱茵报》时期，他在1841年第六届莱茵省议会的辩论中曾提及“自由是全部精神存在的类的本质”〔1〕的人学命题。不过，这一时期马克思的文章多为新闻政论且研究者相对较少，因此，马克思主义学界大多数学者认为马克思最早提及“人的类本质”概念的文本是1843年的《论犹太人问题》。该文中写道：“在政治国家的领域内，国家的各个环节把自己当作类的本质，当作‘类本质’。”〔2〕其实，这里的“类本质”概念是马克思所批判的黑格尔的概念。真正具有马克思独立思考痕迹的“人的类本质”概念则出现在著名的《1844年经济学哲学手稿》（以下简称《手稿》）中。在《手稿》中马克思把人定义为“类存在物”，他在对人的本质、异化劳动

〔1〕《马克思恩格斯全集》（第1卷），人民出版社1956年版，第67页。

〔2〕《马克思恩格斯全集》（第1卷），人民出版社1956年版，第379页。

的论述中多处涉及了“类”的相关概念，从人的“类存在”“类意识”“类生活”等各个方面展现了他对人之为人最根本的“类本质”的关注。

1845年，在《关于费尔巴哈的提纲》（以下简称《提纲》）中，马克思则致力于对费尔巴哈“类”概念的批判，认为费尔巴哈把人的本质抽象地理解为“类”，仅仅是“一种内在的、无声的、把许多个人自然地联系起来的普遍性”[1]。此时，通过一段时间对人的本质问题的思考，马克思已经形成了对人的类本质的独立理解，并将其作为批判唯心主义和旧唯物主义的重要思想武器和价值指标。随后，马克思、恩格斯在《德意志意识形态》（以下简称《形态》）中第一次系统地构建起历史唯物主义思想，揭示了实践在人的本质实现过程中的决定性作用。自《提纲》以后，马克思就较少提及“人的类本质”概念了。他更加重视现实的人，关注现实中人的社会本质以及实践对人的本质实现的关键意义。后期马克思研究的问题更加具体化、现实化，在对资本主义经济体系运行原理的解剖中，他试图找到一个使人类获得自由全面发展的解放之道。这样的变化虽符合思想发展的逻辑规律，但却导致后来的研究者们在理解和阐释马克思人的本质思想时产生了较多的争议。

一直以来，国内外学者都对马克思关于人的本质思想进行了广泛的解读和阐释。1932年《手稿》发表之后，西方马克

[1] 《马克思恩格斯选集》（第1卷），人民出版社2012年版，第135页。

思主义者就开始进行相关的研究。到20世纪四五十年代，更是掀起了研究马克思人学思想的热潮。国内对相关问题的研究主要始于20世纪七八十年代。改革开放之后，随着市场经济的发展，中国社会中人的主体性地位得到了凸显，学术界也开始突破过去的苏联教科书模式，逐渐重视起对马克思人学思想的研究。不过，大多数研究主要侧重于对马克思的人学思想进行整体的研究和阐释，相关基础概念的研究还一直处于薄弱环节。特别是如“人的类本质”这样的重要概念，没有得到马克思主义研究者们足够的重视。

马克思人的本质思想主要产生在他批判黑格尔和费尔巴哈哲学的过程中，其思想倾向和理论范式则受到古希腊哲学特别是亚里士多德的深刻影响。马克思在对唯心主义和旧唯物主义的批判和超越中建立了他的历史唯物主义，“人的类本质”概念也被马克思赋予了辩证的新内涵。不过，鉴于马克思的写作风格，他在实际文本中术语使用的多样性和变化性使“人的类本质”概念的内涵和重要性展现得不够清晰。尤其后期马克思更专注于现实的革命斗争和具体政治经济学领域的理论研究，似乎并没有表现出对“人的类本质”及其相关概念始终如一的关注。这种情况导致了长久以来学界对马克思“人的类本质”概念的忽视和误解。关于这一概念，其具体内涵究竟是什么？学者们有的用“自由有意识的活动”即实践来进行定义，或用社会性、意识性来进行阐释，有的则用人的需要、人的自由等来进行展示。言人人殊，并没有获得权威和统一的结论。

其实，研究一种思想或理论应当首先明确概念定义，划清思想界限、确定基本立场。当人们从“类本质”“类存在”等概念出发来解析马克思人学思想的系统框架时，也应重视对其基础概念的研究。因此，本书立足于探究马克思“人的类本质”概念的明确内涵，厘清人的类本质与社会、意识、实践的关系，确定“人的类本质”为人设立的普遍性标准，捍卫马克思主义基本的人本主义立场。要做到这些，需要回到马克思的经典文本，结合语言、语境分析和逻辑分析的方式，去追溯概念和思想的渊源，既需要把马克思这一概念与其他哲学家的相关概念区分开来，还需要将其纳入马克思历史唯物主义完整思想体系中进行融贯性的系统分析，这样才能真正把握马克思“人的类本质”概念的独特内涵，明确这一概念的重要基础性地位。

二、文献综述

就本书的主题而言，国内外仅仅针对马克思“人的类本质”的研究并不多，但与之相关的对马克思人的本质、人性等方面的研究却非常丰富。这种情况并不意味着这一概念不重要，因为在对马克思人的本质思想、人性观的研究中，“人的类本质”时常作为一个关键概念，关系着学者们如何看待马克思的人学思想与德国古典哲学的联系，也影响着他们对马克思人的本质思想的理解和判断。

1. 国内研究现状

“人的类本质”概念蕴含了马克思对人的本质的思考，回答了人之为人最根本的问题，它不仅是理解马克思历史唯物主义的关键，还对探寻当今社会人的发展问题的解决之道有重要的启示作用。在国内学界，有关马克思“人的类本质”概念的研究[1]始于20世纪七八十年代。在这之前，一方面由于中华人民共和国成立初期马克思主义哲学研究主要在苏联教科书模式下进行，以政治性和实用性为导向，运用马克思主义原理来分析和解决新民主主义革命和社会主义建设中的实际问题；另一方面因为马克思人的本质问题蕴含了一定的人本主义色彩。因此，改革开放前中国学界对马克思“人的类本质”概念的相关研究较为鲜见。

1978年，第十一届三中全会的召开不仅揭开了中国改革开放的序幕，也为整个学术界吹来了全面苏醒、焕发新生的春风。随着解放思想号角声的奏响，中国从此进入了社会主义现代化建设的历史新时期。在市场经济体制的转变过程中，人们要求对如何理解人的主体性、人与社会的关系等问题进行深入思考。在马克思主义的研究中，过去所忽视的人本主义内容也开始显露出来。学者们纷纷开始关注人的主体性问题，对人的本质、人的异化等展开了热烈的讨论。一些学者开始重新解读《手稿》，并对其中马克思所提及的“类本质”“类特性”等

〔1〕 由于问题的相关性，以及各学者关注重点的不同，本文将国内涉及马克思的类、类存在、类本质等与“类”相关概念或思想的研究，都划归为有关马克思“人的类本质”概念的研究。国外的研究则主要以species或species being为关键词展开文献整理。

概念进行了定义和阐释。40多年来，经过不断探析和发掘，学者们从不同角度展示了“人的类本质”所蕴含的深刻的哲学意义和实践价值，为当代中国马克思主义的基础概念研究作出了重要的贡献。

经文献梳理之后发现，20世纪80年代以来国内学者对有关马克思“人的类本质”概念的相关研究主要以三种方式呈现：第一种是主题性研究，即将马克思“人的类本质”及其相关概念作为研究主题进行有针对性的、专门化的研究；第二种是整体性研究，国内学者在对马克思主义人学思想进行的整体性研究中包含了对马克思类本质概念的思考；第三种则是译介性作品，即对西方马克思主义人学研究成果的翻译、介绍和评述中涉及了一些有关马克思“人的类本质”概念的内容。

（1）主题性研究。

改革开放以来，马克思主义学界围绕人的本质展开了广泛的讨论，人们也开始逐渐注意到“人的类本质”概念并以其为主题进行学术研究。1981年，王锐生就开始注意到马克思“人的类本质”概念，他把人的类本质等同于人的社会本质，并将之用于与人的自然性本质相对比，认为“人的类本质”概念构成了马克思异化学说的理论前提。〔1〕1982年，冯宪光发表了《论马克思对“人”的类概念的使用》一文。在该文中他肯定了马克思主义的人道主义立场，认为这是一个“不容回避的

〔1〕 参见王锐生：《人的自然性是马克思异化学说的理论前提吗？——与兰秀良同志商榷》，载《国内哲学动态》1981年第12期，第29—31页。

事实”；他还对马克思类概念的来源与使用目的进行了讨论，认为无论是在马克思早期不成熟的著作中，还是在晚期成熟的著作中，相关类概念的提法都是对费尔巴哈“类本质”“类存在”等术语的直接借用，其目的是展开政治经济学批判，其使用意义则是作为他研究现实人之具体状况的一个抽象出发点。因此，马克思的类概念并没有超出费尔巴哈人本主义的范畴，只能从限定的抽象性规定来进行理解。〔1〕随后，李连科对冯宪光进行了回应，他认为马克思的类概念不是冯宪光所理解的空洞的抽象，而是一种科学的抽象，是包含人的自然性和理性于一体的社会共性，是人由其社会关系的总和决定的，通过自由自觉的实践活动主要是劳动所获得的人的客观需要。李连科从“自由自觉的活动”来理解人的类本质，认为马克思从人性的外在表现和确证的角度，用“活动”规定了人的类概念，他的这种理解实际上就是后来常见的实践人性论。〔2〕侯相林也发文从另外的角度批判了冯宪光式的理解，认为不应该夸大费尔巴哈对马克思的影响。在当时的思想发展过程中，马克思对“类本质”的理解已经与黑格尔和费尔巴哈有所不同，是把对象化的活动作为了人的类本质的主要内容。〔3〕马克思在《手稿》中

〔1〕 参见冯宪光：《论马克思对“人”的类概念的使用》，载《社会科学研究》1982 年第 1 期，第 15—20 页。

〔2〕 参见李连科：《马克思关于人的类概念是科学的抽象——与冯宪光同志商榷》，载《学习与探索》1982 年第 5 期，第 41—46 页。

〔3〕 参见侯相林：《“类本质”辨析——学习马克思〈1844 年经济学—哲学手稿〉札记》，载《内蒙古大学学报》1983 年第 1 期，第 1—10 页。

提及类本质的原因是将其视为异化劳动概念中的一种规定，把类本质的异化作为理解劳动异化的过渡性环节。当后期马克思的思想成熟以后，这种只能起衔接作用的类本质概念就被马克思作为疣赘抛弃了。〔1〕可见，侯相林对这一概念的理解也基于劳动和实践，但他赞同前后两个马克思主义的对立，对“人的类本质”概念持抛弃论的态度。这个时期，学者们对马克思“人的类本质”概念的相关讨论主要聚焦于马克思对费尔巴哈人本主义哲学的继承与批判问题。

20 世纪 90 年代末，吉林大学高清海教授基于马克思的类概念提出了类哲学，发表了一些有关的文章如《人的类生命、类本性与“类哲学”》〔2〕《人正在自觉地走向类存在》〔3〕；出版了专著《人的“类生命”与“类哲学”——走向未来的当代哲学精神》〔4〕，等等，引发了学界对马克思类概念的广泛关注和讨论。受这股“类哲学”热潮的影响，越来越多的学者开始关注马克思“人的类本质”概念并对其作出了自己的理解，其成果多以学术论文呈现。其中，较多学者用人的生产劳动来解释马克思“人的类本质”概念，认为“劳动是人的类本

〔1〕 参见侯相林：《浅议类本质及其异化》，载《内蒙古社会科学》1982 年第 5 期，第 85—91 页。

〔2〕 高清海：《人的类生命、类本性与“类哲学”》，载《长白论丛》1997 年第 2 期，第 5—14 页。

〔3〕 高清海：《人类正在走向自觉的“类”存在》，载《吉林大学社会科学学报》1998 年第 1 期，第 1—12 页。

〔4〕 高清海、胡海波、贺来：《人的“类生命”与“类哲学”——走向未来的当代哲学精神》，吉林人民出版社 1998 年版。

质”[1]“马克思恩格斯把生产劳动确定为人与动物相区别的类本质。”[2]艾福成在其《马克思关于人的类本质理论及其意义》一文中也指出马克思正是通过对异化劳动的研究，发现了劳动、实践是人的类本质，并进一步系统地揭示了人的类本质的创造性、历史性和开放性。[3]其他学者也从另外的角度对“人的类本质”进行了研究。有的学者仍致力于把马克思的“人的类本质”思想和与费尔巴哈、黑格尔等相关思想进行详细的对比性研究，或从马克思异化理论的角度对“人的类本质”的内容进行阐释，寻求马克思在这一概念使用上的超越之处。[4]有的学者立足马克思《手稿》中的具体文本对“人的类本质”思想进行解读，如刘卓红、石德金对《手稿》中人的类本质思想的解读，他们强调人的现实本质，认为马克思在《手稿》中具体地、历史地分析了人的真实生存状况，并在对现实

〔1〕 王双桥：《论人的类本质》，载《求索》1998年第1期，第69—73页。

〔2〕 韩民青：《马克思关于人的类本质与社会关系本质的思想》，载《当代世界与社会主义》1996年第3期，第49—52页。

〔3〕 参见艾福成：《马克思关于人的类本质理论及其意义》，载《吉林大学社会科学学报》2000年第4期，第60—65页。

〔4〕 参见王东、林锋：《论“类本质异化”与费尔巴哈思想之关系》，载《中州学刊》2007年第6期，第136—138页；刘海江：《马克思和费尔巴哈类概念比较研究》，载《北方论丛》2014年第3期，第113—116页；雷勇、陈锦宣：《论马克思对费尔巴哈“类本质”思想的扬弃》，载《学术研究》2018年第7期，第18—29页；肖霞：《马克思对费尔巴哈人的类本质思想的继承与超越》，云南大学2019年硕士学位论文，等等。

的批判中消解了人的类本质。〔1〕还有学者对马克思“人的类本质”概念生成的逻辑进程进行了详细的分析，肯定这一概念在马克思思想体系中的重要意义。〔2〕这些研究虽各有偏重，但都突出了人的“类本质”概念在马克思主义哲学中的重要性，也体现了国内马克思人学思想解读模式的多样化发展趋势。

近十年以来，随着类哲学热度的消退和分析实证哲学的流行，新时代的研究者们似乎对“人的类本质”这样有着形而上学意味的概念不再那么青睐了。虽有零星发表的相关文章，但大多是以人的类本质为马克思主义的概念性工具，用来与当今时代的现实理论或对中国哲学的传统思想进行联系和分析，这一方面符合新时代中国学术研究国际视野展开的步调，另一方面也是推进马克思主义中国化的学术需要。相关的文章如《从“类本质”视角解读“以人为本”思想的内涵》〔3〕《马克思基于现实的“类本质”哲学与人类命运共同体的建构》〔4〕《从

〔1〕 参见刘卓红、石德金：《人的类本质：解构与回归——解读马克思〈1844年经济学哲学手稿〉中的人的类本质思想》，载《华南师范大学学报》2004年第6期，第3—7页。

〔2〕 参见毕照卿、周立秋：《马克思类本质理论的逻辑进程》，载《长春工业大学学报》2014年第2期，第9—12页；白雪：《马克思“类存在”思想的逻辑进路》，载《理论观察》2020年第8期，第31—32页。

〔3〕 白春民：《从“类本质”视角解读“以人为本”思想的内涵》，载《理论导刊》2011年第1期，第102—106页。

〔4〕 宋晓丹：《马克思基于现实的“类本质”哲学与人类命运共同体的建构》，载《西北大学学报》2019年第1期，第73—79页。

马克思“类本质”视角看孟子的“性善论”》[1]，等等。在这些论题中，人的类本质都是一种工具性的概念，而不是问题本身所要讨论的核心。但一定程度上也反映了这样一个现状，即在经济全球化、世界一体化的时代背景下，在马克思主义中国化的历史进程中，学者们正在努力为“人的类本质”概念寻求一种能够指示与解决现代人的生存发展问题的当代性价值。总的来说，迄今国内学界对马克思“人的类本质”的相关研究成果虽数量可观但研究还较为分散，对这一概念的具体内涵也尚未有统一明确的观点。研究者们大多注重对“人的类本质”进行思想性的解读，没有足够重视概念性研究。

（2）马克思主义人学思想的整体性研究。

20 世纪 80 年代以来，学界对马克思人学思想的研究一直保持着较高的热度。在涉及马克思人的本质思想的论题下，或一些从宏观角度对马克思人学思想进行分析和总结的文章中，或多或少都会涉及对马克思“人的类本质”概念的理解。相关的研究成果分散在马克思主义人学专著和数量众多的论文中。

在马克思人学专著中，袁贵仁的《马克思主义人学理论研究》、武天林的《马克思主义人学导论》、洪波的《马克思个人观研究》等，都从整体上对马克思人学思想进行了解读和研究。这类专著有着宏大完整的体系框架，所蕴含的人学内容较为丰富，其中都涉及对马克思“人的类本质”概念的阐释。袁

〔1〕 闫阳：《从马克思“类本质”视角看孟子的“性善论”》，载《温州大学学报》2019 年第 6 期，第 27—32 页。

贵仁认为，旧哲学对“人的类本质”概念的研究仅限于对人在“人类”层次的研究，因此使民族、阶级和个人被排除在哲学的视野之外，仅仅把人作为整个世界与“自然”不同的类存在物加以审视和研究。〔1〕这种“类本质”是一种关于人的抽象议论。武天林在其书中以对马克思“人的类本质”概念的阐释建立在他对“人”的区分之上：人包括了个体、群体和人类，“人的类本质”也分为个人的类本质和人类的本质；个人的类本质倾向于对人的人类学探讨，而人类的本质则是从整体角度探寻人的本质问题。他认为，马克思在将人视为“类存在物”时所关注的“类本质”是属于人类整体性的本质问题。〔2〕武天林对“人”以及人的“类本质”进行的概念区分很有参考意义，但他并没有将其作为研究重点继续深入。洪波认为，马克思在批判黑格尔和费尔巴哈的过程中，用感性活动取代了感性原则、赋予实体以关系的内涵，同时也用生活的生产和再生产取代了“人的类本质”。马克思主义哲学与过去旧哲学的显著区别就是从“活动”的角度来规定了“人的本质”。〔3〕她的这种观点代表了当前许多国内学者解读马克思“人的类本质”概念的方式，即把“人的类本质”归结为生产劳动或实践。同样地，由于洪波侧重于对马克思有关“个人”的思想进行研究，

〔1〕 参见袁贵仁：《马克思主义人学理论研究》，北京师范大学出版社 2017 年版。

〔2〕 参见武天林：《实践生成论人学》，中国社会科学出版社 2005 年版。

〔3〕 参见洪波：《马克思个人理论的整体性与当代性研究》，浙江大学出版社 2015 年版。

她对“人的类本质”也没有进行更进一步研究，因此，没有凸显出这一概念在马克思历史唯物主义中的重要地位。

在有关马克思人的本质思想的论文中，很多也涉及对“人的类本质”概念的基本理解。例如，在张奎良对马克思人的五重本质规定进行的阐释和张国安对马克思关于人的本质的四重含义的总结中，都注意到《手稿》中提及的“人的类本质”概念。他们认为人的类本质就是“自由自觉的活动”。〔1〕陈启能则认为“人的类本质”是马克思关于人的本质论断中尚未摆脱费尔巴哈影响的、不成熟的术语。〔2〕这些论文展示了学者们对“人的类本质”概念的基本理解和态度，但由于内容的丰富性，主题的非针对性，对这一概念展开的详细阐释并不多。总之，在对马克思人学思想进行整体性研究的成果中，无论是专著还是论文，都会涉及对“人的类本质”概念的思考和讨论，可见这一概念的基础性和重要性。

（3）有关西方马克思主义的译介性作品。

国内学界也出版了一些对西方马克思主义人学研究成果进行翻译和总结的著作，其中一些涉及有关马克思“人的类本质”概念的内容。比较早期的如中共中央马克思恩格斯列宁斯大林著作编译局马恩室编译的《〈1844年经济学—哲学手稿〉研

〔1〕 参见张奎良：《人的本质：马克思对哲学最高问题的回应》，载《北京大学学报》2015年第5期，第5—17页；张国安：《马克思关于人的本质的四重含义及其现实意义》，载《甘肃社会科学》2015年第6期，第27—31页。

〔2〕 参见陈启能：《论马克思关于人的本质的论断》，载《山东社会科学》2005年第1期，第13—17页。

究》[1]、复旦大学编译的《西方学者论〈一八四四年经济学—哲学手稿〉》[2]，就汇集了卢卡奇、马尔库塞、弗洛姆、列斐伏尔、阿尔都塞等知名西方学者对《手稿》的解读。其不仅较早为国内学者译介了西方马克思主义对《手稿》的研究成果，还展示出西方学者在关于马克思人的本质问题上所持的不同立场和态度。较为近期的译介性著作，如张秀琴编著的《西方马克思主义发展史》等，也从人本主义和科学主义不同派别的立场分歧入手，集中介绍了西方马克思主义对《手稿》的诠释。[3]由于马克思对“人的类本质”概念的使用主要集中在《手稿》中，所以对西方马克思主义解读《手稿》的译介也几乎都会涉及对“人的本质”或“类本质”的思考和阐释。因此，这些译介性作品对研究马克思“人的类本质”概念、把握西方马克思主义学界研究动态具有重要的参考价值。

2. 国外研究现状

马克思人的本质思想也一直是国外学界（主要指西方马克思主义学界）关注的焦点。总的来说，西方学者对相关问题的解读方式和视角都十分丰富，既有人本主义与科学主义的立场，也有本质主义与反本质主义的论争，还有从人类学、伦理学、历史主义、功利主义等不同视角对马克思人的本质思想进行的

---

〔1〕 中共中央马克思恩格斯列宁斯大林著作编译局马恩室编译：《〈1844年经济学—哲学手稿〉研究》，湖南人民出版社 1983 年版。

〔2〕 复旦大学哲学系现代西方哲学研究室编译：《西方学者论〈一八四四年经济学—哲学手稿〉》，复旦大学出版社 1983 年版。

〔3〕 参见张秀琴：《西方马克思主义发展史》，人民出版社 2017 年版。

各种解读，对马克思有关“人的类本质”的概念也有着多样化的理解。

（1）人本主义的解读。

西方早期对人的类本质的理解是以人本主义为立场的。以卢卡奇（György Lukács）为代表，他充分肯定了人在马克思主义哲学中的地位，认为哲学必须跟人联系在一起。卢卡奇将人的本质理解为一种总体性，认为物化造成了总体的异化，也使劳动者和他的本质相异化，即劳动与人的类本质相背离，不再是人类自由自觉的活动，要消除异化，就要诉诸总体，使劳动复归自由自觉，复归为人的类本质。

法兰克福学派的马尔库塞（Herbert Marcuse）也对马克思人的本质思想进行了人本主义的解读，他在《论历史唯物主义的基础》一书中把《手稿》有关人的问题推崇为马克思所有著作的中心论题。马尔库塞认为马克思在《手稿》中使用的“类”相关概念都能在后期著作中找到对照物；他致力于论证马克思人道主义精神同整个马克思主义思想体系的统一性，认为对人的研究不但是《手稿》的中心问题，而且是贯穿马克思所有著作的一根主线。他从“哲学人类学”的视角去把握马克思“人的类本质”概念，认为马克思人的本质思想区别于旧哲学的重要特征就是人类本质的历史性，而这种历史性的人类本质只有在人与社会的辩证统一中才能不断被实现。〔1〕弗洛姆（Erich

〔1〕 参见复旦大学哲学系现代西方哲学研究室：《西方学者论〈一八四四年经济学—哲学手稿〉》，复旦大学出版社 1983 年版。

Fromm)则是另一位著名的人本主义马克思主义者，他推崇《手稿》在马克思思想体系中的中心地位，以人本主义的立场来解释和概括整个马克思思想，认为马克思后期著作中所运用的概念是《手稿》中关于人的本质的概念的继续。〔1〕

西方对马克思人的本质思想的人本主义解读可以概括为两个基本观点：第一，“人的类本质”概念是有意义的，马克思在《手稿》中对人的本质、类本质的论述在整个马克思思想体系中具有重要地位；第二，马克思前后期的思想是具有连续性的，马克思前期对人的类本质、社会本质的思考构成了他后期思想理论研究的人学基础。

（2）科学主义与反本质主义的解读。

20 世纪五六十年代，与人本主义相对，西方学界还出现了解读马克思的科学主义思潮。科学主义马克思主义者对人的本质、类本质等概念持着一种对抽象本质的反对态度。以阿尔都塞（Louis Pierre Althusser）为代表，他反对将马克思主义人道主义化的做法，大胆地提出了“理论反人道主义”的口号。阿尔都塞认为马克思在《手稿》中使用的“类本质”“类”等概念只是对古典政治经济学家相关概念的借用，这些概念被密集提及的马克思前期著作都创作于马克思思想意识形态的前科学阶段。在经历了“认识论上的断裂”后，马克思后期的成熟著作已经完全抛弃了对这些概念的使用，而采用“生产力”“生

---

〔1〕 参见复旦大学哲学系现代西方哲学研究室：《西方学者论〈一八四四年经济学—哲学手稿〉》，复旦大学出版社 1983 年版。

产方式”“社会关系”等术语取代了它们。在某种意义上，“人的本质”或“类本质”等抽象概念在后期已经被消解了，这标志着马克思的思想走向了科学的历史唯物主义。〔1〕阿尔都塞的这种理解把马克思置于一种既反人本主义又反本质主义的立场。与阿尔都塞持相似观点的还有理查德·罗蒂（Richard Rorty）。作为美国新实用主义的代表人物，他认为所谓的人性是偶然的，人性的标准也是变化的，人性的共同性并不存在，因此“人的类本质”作为一个一般的形而上学的概念也是虚幻的。这种典型的反本质主义论调在现代和后现代哲学中十分常见，存在主义的马克思主义者萨特（Jean-Paul Sartre）就提出过“存在先于本质”的反本质主义论断，一些学者甚至把马克思本人也归为反本质主义者，并以此为方向对马克思的相关思想进行解读。

科学主义对马克思人的本质思想的理解主要造成了两种后果。一个后果是相关概念的消解论，即认为马克思早期文本中所使用的“人的类本质”“人性”等具有抽象性的概念在后期被全面消解了。科学主义马克思主义者们认为后期的马克思不再使用（已经抛弃）这些术语，而是采用了更成熟的“生产力”“生产关系”等概念。另一个后果则是马克思前后期思想的断裂论，即认为1845年以前，青年马克思的思想受黑格尔和费尔巴哈影响是人道主义的，他的哲学和政治实践的确以

〔1〕 参见［法］路易斯·阿尔都塞：《保卫马克思》，顾良译，商务印书馆2010年版。

“人的本质”为基础。但1845年之后，思想成熟的马克思从人道主义的意识形态转向了科学，成了一个历史唯物主义和辩证唯物主义者。马克思后期所论及的人不再是本质的同一与复归，而是在复杂的社会结构中被多元决定的对象。科学主义对马克思人的本质思想的独特理解引发了国内外学界的广泛关注，推动着西方学界对马克思人的本质思想的讨论达到了高潮，客观上也促进了国内外学界对相关问题的进一步研究与反思，当然，也遭到了来自其他马克思主义者的激烈反对和驳斥。

（3）本质主义立场的捍卫。

为了捍卫马克思主义的正确立场，诺曼·杰拉斯（Norman Geras）非常明确地反对了阿尔都塞对马克思消解人性概念的论断。他对“人的本质”进行了双重层次的区分并为其中永恒不变的部分进行了辩护，他认为在马克思的思想中，那些永恒不变的本质即人类的共同一般特性是存在的，马克思并没有“理论反人道主义”。〔1〕杰拉斯在辩护中指出了阿尔都塞等人在理解马克思主义文本时存在的一些方法论问题，认为阿尔都塞的反人道主义结论是由于对马克思文本的错误解读所造成的。杰拉斯的辩护的确展示了理解马克思文本时容易出现的误差，也在一定程度上驳斥了科学主义的论断，但他的研究并没有继续深入，没有在历史唯物主义的大背景中去明确普遍人性和人的类本质的真正内涵所在。

---

〔1〕 See Norman Geras. Marx & Human Nature,*Refutation of a Legend*, London:Verso,1983.

对马克思进行历史主义解读的肖恩·塞耶斯（Sean Sayers）也持有本质主义的立场。在他看来，马克思的历史主义首先包含着普遍的人性，这种普遍人性是“超历史的”，是人最基本的自然性。[1]塞耶斯把抽象的人的本质理解为人的自然性，把马克思对人的社会性描述看作对人自然性的扬弃，这种解读却恰恰遗落了马克思所关注的、抽象的“人的类本质”，使得他对马克思的理解存在一定偏差。在这些西方学者对马克思人性思想的本质主义辩护中，“人的类本质”概念并没有被予以足够的关注，既没有确切把握人类抽象本质的真实内涵，也没有进一步去寻找这种抽象本质的具体依据和现实确证。这种本质主义的理解真正缺乏的正是马克思思想中真正闪光的辩证性，因此也就容易一不小心就“滑回”马克思所要批判的那种黑格尔式本质主义思想中去了。在批判黑格尔的时候，马克思是一位反本质主义者，但在建立他新的世界观的时候，他又返回到了本质的支点，只不过，马克思所论述的本质并非纯粹抽象性的，而是历史的、辩证的“人的类本质”。

（4）辩证、多元化解读。

西方学界也不乏对马克思人的本质思想的辩证性的解读和对“人的类本质”概念的关注。意大利新实证主义马克思主义者科莱蒂（Lucio Colletti）在解读《手稿》时就根据对异化的理解，认为从人的本质通向历史唯物主义的密匙就是将人理解

〔1〕 参见［英］肖恩·塞耶斯：《马克思主义与人性》，冯颜利译，东方出版社2008年版。

为“自然的类存在物”，正确把握“人的类本质”才能由此展开对马克思“社会生产关系”理论的全面把握。[1]根据科莱蒂的解读，他把马克思关于人的概念界定为“自然的类存在”，其实这也是一种对人的总体性理解，即“人的特殊性就在于总体性”。这种观点既批判了片面坚持自然存在论的“唯物主义决定论”又反对了“文艺复兴式的唯灵论人本主义传统”。美国当代“辩证马克思主义”代表人物奥尔曼（Bertell Ollman）从资本主义社会中人的异化的角度去研究了人的概念，讨论了与人的人类学本质和相对应的“人的类本质”之间的联系和区别。他认为人作为“类”的成员会具有与单个个体截然不同的力量和需要，这些力量和需要与人的自然力与自然需要相区别，是人建立自身与自然界（包括一部分其他人）之间特殊关系的基础。[2]奥尔曼对马克思哲学的辩证法解读实际上是一种“内在关系哲学”，他把由“人的类本质”演化而来的人的类力量和类需要作为人内在关系的基础，这就充分肯定了“人的类本质”在马克思整个历史唯物主义哲学体系中的基础性地位。另外，学者默罕默德·塔巴克（Mehmet Tabak）也对马克思的人的本质思想进行过类似的辩证性解读。首先，他肯定了对“人”相关概念进行研究的重要性，认为人作为社会动物，

---

〔1〕 See Lucio Collectti.Marxism and Hegel,*translated by Lawrence Garner*, London: NLB, 1973.

〔2〕 参见［美］奥尔曼：《异化：马克思论资本主义社会中人的概念》，王贵贤译，北京师范大学出版社 2011 年版。

具有特定的类能力和类需求，这是人类实现和发展自身的根本条件。其次，他也把马克思对人的概念表述区分为不同层次的抽象。在最特殊的层面上，每个人类个体都不相同，但在更普遍的层面上，“人的类本质”贯穿了整个历史，适用于所有的人类。〔1〕

另外，西方学界还有一些从不同视角对马克思“人的类本质”概念进行的具体性解读。有的从理论渊源对“类存在物”进行研究，如詹姆斯·克兰克（James M.Czank）在《类存在物的起源：马克思的重新定义》〔2〕中侧重突出马克思对“类存在物”及其相关概念的重新定义；有的从人类发展的目的论和个性化角度对人的本质进行的考察，如马尔霍尔（Stephen Mulhall）以《类存在物、目的论与个性化》命名的三篇系列论文〔3〕，就分别从异化和人类个体的现实化等角度考察了马克思对“人的类本质”的相关论述。与国内学界相比，西方学界对“人的类本质”的研究的确有着更为多元化的视角，也更能与现实问题联系起来进行研究。例如，大卫·哈维（David Harvey）就从生态人类学的角度对人的类存在进行了

---

〔1〕 See Mehmet Tabak, *Dialectics of Human Nature in Marx's Philosophy*, New York, Palgrave Macmillan US, 2012.

〔2〕 James M.Czank, *On the Origin of Species-Being*: *Marx Redefined*, Vol.24, Mar, 2012.

〔3〕 三篇论文分别为：*Species-Being, Teleology and Individuality Part I*: *Marx on Species-Being*; *Species-Being, Teleology and Individuality Part II*: *Kant on Human Nature*; *Species-Being, Teleology and Individuality Part III*: *Alienation and Self-Realisation the Physiognomy of the Human*, Angelaki Journal of Theoretical Humanities, 1998。

反思，肯定“人的类本质”能够为人类未来的发展和解放提供了人学基础。[1]这类研究方法相对更有技术性和跨学科的特征，对思想家智识跨域的广度要求较高。国内学界由于社会科学和自然科学的分野状态，类似的跨领域研究目前较为少见。不过，与国内学界的研究相比，西方马克思主义研究者自身所持有的明显阶级立场和个人偏向性，有时容易使其对马克思的解读走向片面化。

三、研究的目的和意义

1. 基础概念的释明

鉴于各种思想体系中基础概念释明的重要性，本书希望能够在理解马克思人的本质思想的过程中，首先探寻和明确马克思“人的类本质”概念的基本内涵。

一直以来，人的本质问题都是哲学中的大问题，关系着人对自身的定义和人生意义的追求。在马克思主义哲学中，这个问题同样关键。“人的类本质”概念作为马克思对人的本质问题的一个重要回答，对其内涵予以明确和研究是十分必要的，具有相当的理论意义。首先，作为一个马克思用以构建其人的本质思想的核心基础概念，明确“人的类本质”概念的内涵能够为正确理解马克思关于“人”和“人的本质”相关思想、正确解读马克思历史唯物主义思想提供理论的支撑点。其次，明

---

〔1〕 See David Harvey, Space of Hope, Edinburgh University Press, 2000.

确的概念是新思想的诞生和发展的基础。马克思“人的类本质”概念的研究和明确也是进一步挖掘和推进马克思主义研究工作的基础。因此，探寻马克思“人的类本质”概念的真正内涵能够为当代马克思主义的进一步发展夯实地基，在一定程度上有助于促进当代马克思主义理论研究与时俱进的发展。

2. 人本主义立场的澄清

马克思主义是哲学与政治经济学双重话语语境融合而成的理论体系，马克思早期在《手稿》等著作中所展现的人本主义思想实际上构成了他整个理论体系的哲学依归。本书希望通过探究和明确“人的类本质”概念的基本内涵，凸显这一概念在马克思思想体系中的重要地位，从而展示出马克思思想演变过程背后的人学线索，同时澄清马克思的人本主义立场。

马克思主义诞生近两个世纪以来，人类社会已经发生了巨大而深刻的变化，各学者对马克思主义思想的解读也形成了不同的学派和立场，他们对马克思人的本质思想的不同理解影响着人们对马克思主义的基本认识和未来马克思主义的发展方向。本书结合当今国内外学界对马克思人的本质思想相关问题的研究现状，对马克思“人的类本质”概念进行深入研究和全面地阐释，能够进一步厘清各种有关人的本质概念的区别和联系，回应西方马克思主义和当代各种非理性主义思潮对马克思的误解，维护马克思主义在新的时代背景中的真理性与先进性。马克思“人的类本质”概念将整体的人类置于最普遍的对象性关系之中，并趋向于在生产实践的对象性活动中形成一个真正的共同体。马克思一切思想理论的出发点和落脚点都是人，最终目的是实现人的自由全面发展，获得人的真正解放。没有对人的深刻关切就没有马克思主义的创立，没有对人的类本质真正实现的追求，也就没有共产主义的社会理想。因此，本书以马克思“人的类本质”概念为出发点，希望澄清并强调马克思思想中人本主义的基本立场，强调历史唯物主义中人的主体性地位以及马克思对人类整体前途命运的重大关切。

3. 马克思主义中国化的需要

对马克思“人的类本质”概念的研究有助于更好地将马克思主义思想与中国哲学传统和社会主义建设实践结合起来，推动马克思主义中国化的发展，为中国有关“人”的政治理论和制度建设提供一个明确的，使其得以展开的哲学逻辑起点和核心关切，也为中国的社会主义建设和构建人类命运共同体的全球治理方案提供依据。马克思人的本质思想与中国共产党以人民为中心的根本执政理念和构建人类命运共同体理论、全球治理思想都有着诸多契合之处。对基本概念“人的类本质”的阐释也能够为中国特色社会主义理论建设提供更确切的马克思主义哲学依据。中国党和政府历来十分重视马克思主义哲学理论研究与实践的结合。党的十八大以来，习近平总书记结合当今时代背景和中国特色社会主义建设的实践经验，以维护和促进全人类的共同利益和共同价值为目标，倡议“一带一路”建设，推动构建人类命运共同体。而人类在何种基础、何种意义上能够成为命运共同体，如何实现人类命运共同体的理想？对马克思“人的类本质”概念的研究或许能够为此找到本质性的依据，使新时代的马克思主义能够更有效地联系实际、指导实践、促进实践的发展。

4. 本质回归的时代呼唤

对马克思“人的类本质”概念的研究符合当今世界对人类命运关怀的现实需要，有助于人们从人的本质及其实现的角度去思考和分析当今社会所存在的诸种现实问题，为人类自身的发展和社会的进步提供马克思主义哲学的指引。

如今，全球化的高度发展使人类社会的物质基础空前丰厚，但伴随而来的人的生存状态却面临着各种困境。人类在物质欲望横流，工具理性膨胀中迷失了自我，道德的失落、理想的缺失和信仰的破灭等痛苦威胁着人类。人的自我实现、社会关系以及人与自然界的关系都面临着新的问题和挑战。正如马克思所揭示的那样，资本主义社会中人与人的类本质相异化，作为类生活的劳动也在资本主义生产方式下被淹没了真实的意义。在科技高速发展、理性高度膨胀的现代，人们不再重视本质的统一性，转而主张多元主义和相对主义，拒斥形而上学，以语义逻辑消解了类本质的抽象概念。哲学日益失去了初心，漠视了对人的关怀和慰藉，现代人在追求物质利益的同时也忽视了自己的本质需要，他们在物质日益丰富的现实中日渐失去发展的内在动力和人生的意义。他们消解了虚无，现实就滑向了虚无；他们消解了人的本质，人就迷失在本质缺乏的空洞之中。

面对当代资本主义的新发展和世界形势巨大变化给整体人类带来的种种挑战，现代人内心的空虚和迷茫呼唤着人主体性的归位，也呼唤着对人的本质的重新肯定和探寻。在思想领域探寻当今人类普遍性问题的解决之道，离不开从哲学高度对人类自身进行反思。马克思“人的类本质”概念揭示了人之为人最根本的特性，这一概念涉及的不仅是马克思主义哲学中的问题，还与一切与“人”相关的其他学科相联系，诸如人类学、政治学、经济学、文化学、国际关系学等。对这一概念的研究和释明，不仅能够捍卫马克思主义哲学的人本主义立场，促进马克思主义中国化的发展，还有助于将其他学科尤其是人文社会学的最新成果纳入马克思主义的研究范围中来，从不同角度去深入思考人类社会的各种异化状态以及扬弃这些异化的路径，推动实现人的自由与解放，使马克思主义哲学更好地为“人”服务，为人类克服自身现实问题和精神危机，构建人类命运共同体，实现人类社会的整体进步与发展指明实践的方向。

四、全书框架结构

本书主要划分为七个章节：

第一章对关于“人”的概念定义进行了重新思考和三个层次的划分。首先，通过对关于“人”的概念的重新思考，认为一个独立的概念定义应该包括事物的本质规定性、存在与活动方式、运动规律三个基本方面。目前学界对马克思“人”的概念的实践性阐释并不是从人的本质规定性给出的定义，“类存在物”才是马克思采用本质定义方式对“人”的概念作出的界定。其次，第一章还基于人所处的三种不同对象性关系对“人”的概念进行了层次性划分，认为马克思关于“人”的概念包括了普遍存在的人类、社会性的个人和独立的个体三重存在。人的三重存在是人的本质经历两次分化后的结果，这一过程展示出人自我发展的历史过程。最后，为了防止使用和理解上的混淆，本书在第一章中对马克思文本中所涉及的“人”的概念预设了一种明确区分。

第二章主要探究了马克思“人的类本质”概念的基本渊源，包括该概念出现的时代背景、词源以及马克思从亚里士多德、黑格尔、费尔巴哈那里继承而来的思想和概念，揭示出马克思“人的类本质”概念诞生的历史过程。

第三章研究和明确马克思“人的类本质”概念的基本内涵。通过将马克思具体文本中的“人的类本质”概念与黑格尔、费尔巴哈的相关概念进行对比性研究，探寻马克思在理解和使用这一概念上的独创之处，明确马克思“人的类本质”概念的具体内涵。“类”是人和万物都客观存在的普遍性，“类存在”就是以普遍性的方式存在，“人的类本质”就是人以普遍性为对象的对象性本质。

第四章将“人的类本质”概念与人的社会性、意识性、实践性进行比较性研究，区别人的类本质和类特性，认为符合本质的概念只有“人的类本质”一种。因此人的类本质是人唯一的本质，其他本质性特征则是人的类本质现实化后所呈现的类特性。人通过意识和实践的双重对象性活动占有和确证自身的类本质，并在社会层次的存在中呈现出现实化的社会性本质，即一切社会关系的总和。

第五章将“人的本质”概念与“人性”概念进行了区分和联系，认为人的本质属于哲学中的本体论范畴，只有人的类本质才真正符合人的本质概念。而人性属于伦理学范畴，其内容是丰富的、可变的，包含了人的社会性以及其他经验层面的共同特性。马克思对人性的理解是辩证的，现实的人是本质与存在的辩证统一体,人的现实性与类本质之间的关系也是辩证的。

第六章主要展现了作为潜能的人的类本质的现实化过程以及该过程对人类历史的决定性意义。首先，作为潜在存在的人的类本质与现实的人的存在状态之间始终存在着矛盾关系，这些矛盾关系是人普遍存在的内在矛盾，决定了人具有对象化的本质需要和本质力量，由此构成了人类历史发展的根本原因。第六章也把马克思后期的“生产力”概念纳入“人的类本质”概念的解释范围之中，认为作为潜能的人的类本质在其现实化过程中产生的普遍性本质力量就是生产力，生产力在与生产关系的相互矛盾运动中就展现为人类历史不断向前发展的总体过程。其次，人的类本质在现实化的过程中由于对象的局限从而产生了劳动的异化与本质的异化，要扬弃异化就需要将人的类本质复归于人，获得类本质的真正成全。作为潜能的人的类本质的成全定义了马克思共产主义的标准，也成为实现共产主义的前提和根本目的。

第七章将马克思“人的类本质”概念置于历史唯物主义中来进行意义性的理解。马克思“人的类本质”概念内涵和地位的明确，能够有效回应学界对马克思思想中人的本质的概念抛弃论和前后思想断裂论。“人的类本质”概念作为一种标准也区分了异化劳动和非异化劳动，规定了真正的人。人的类本质的现实化过程展示了人类历史发展的根本规律。

第一章

“人”的概念

在数千年前的某个夜晚，当人类祖先第一次抬头仰望浩瀚的星空，他们一定深深地感受到自身的渺小和有限，也会在心中疑惑，“人到底是什么？”从人类开始“爱智慧”的思想旅程以来，对人的本质的追问就始终萦绕在人的心间，成为一个贯穿哲学史的终极性问题。这一问题的答案关系着人类对自身的定义和对人生意义的思考，也是构成有关人的一切学说的概念基础。至今，人类在这个问题上还没有获得统一确定的答案。一些人开始对这一问题本身进行质疑和消解，认为并不存在普遍的人性。可如果否定了人性或人的本质，人又将如何定义自身、认识自身，去寻求人生的意义呢？在尚无定论之前，人无法放弃对本质的探寻，从而为自身生命谋求一种普遍存在的依据。

作为19世纪最伟大的思想成果，马克思主义哲学为世人揭示了人类历史发展的根本规律，马克思人的本质思想也为人们展示了关于人的答案。在马克思的思想体系中，人的本质问题是解读他的思想所要思考并明确的基本问题。马克思一切思想理论的出发点和落脚点都是人，他对人的本质的把握构成其理论建构的基点。在马克思的文本中，他在多处、以多种方式论及人的本质问题，其中，“人的类本质”概念是他对这一问题最重要的回答，这一概念或明或暗地贯穿了他整个历史唯物主义思想体系的建构。对“人的类本质”概念的内涵予以正确把握是理解和阐释马克思相关思想的根据。

马克思的“人的类本质”概念与“人”的概念密切相关。马克思在何种意义上理解“人”，他所关切的“人”是什么样的人？都影响着马克思对“人的类本质”概念的内涵设定。因此，本书首先从“人”的概念着手，明确“人”的定义标准和存在形式，为进一步研究马克思“人的类本质”概念奠定必要的基础。

一、“人”的概念定义

“人”作为一个独立的概念，指代了一种与其他存在物如动物、机器等相区别的存在物。作为一种能够在概念上独立的存在物必定有其排他的本质规定性，也有其特殊的存在方式、活动方式和运动规律。因此，如果要对“人”的概念做一个准确的定义，就应该弄清楚人的本质、人的存在与活动方式、运动规律这三个基本方面。在目前的中文字典或教科书中，“人”的概念大多被定义成能够制造工具并使用工具进行劳动的高等动物。这种定义是以马克思主义哲学为基础的。“劳动创造了人本身”〔1〕是马克思主义哲学原理中关于人类起源的重要观点。据此，人们把劳动作为区分人与动物的根本标志，也作为了“人”的概念的定义标准。

1.“人”的概念的定义标准

根据概念定义的标准来看，“劳动”作为人所特有的活动方式，确实可以作为区分人和动物的明显标志。但是将“劳动”作为对“人”的概念定义标准，还是有值得斟酌的地方。

首先，马克思主义学界本身对人类起源问题还存在着内在的分歧。自然唯物主义者认为片面夸大劳动的作用导致了人们对人类自然起源的忽视。劳动只是自然人转变为真正人的中间环节。所谓“劳动创造了人”，这种“创造”不过是把本来就有的东西（如潜能或天赋等）转化为现实的东西而已。在人之为人的过程中，劳动实际上充当了使人的属性“现实化”的通道。恩格斯在《劳动在从猿到人转变过程中的作用》一文中的确强调了人们在思考人类起源问题时应该认识到劳动的重要作用；但同时他也指出，不应用思维而应“用他们的需要来解释他们的行为”。〔2〕换而言之，人类起源在某种意义上的确是

〔1〕 恩格斯：《自然辩证法》，中共中央马克思恩格斯列宁斯大林著作编译局译，人民出版社1971年版，第149页。

〔2〕 《马克思恩格斯选集》（第3卷），人民出版社2012年版，第996页。原句为：“人们已经习惯于用他们的思维而不是用他们的需要来解释他们的行为（当然，这些需要是反映在头脑中，是进入意识的）。”恩格斯在这句话中持批判态度，因此是对需要作为人们行为之因的一种肯定。

劳动，但劳动本身也是需要解释的，这种解释不能是主观的思维，而应是客观的需要。因此，仅仅停留在劳动的人类起源论上还是不够的，必须进一步挖掘那种可以用来解释导致人类最基本活动的劳动产生的那种“需要”。这种需要是人类不可或缺的自然起源，也是人类历史的第一性物质性前提。

其次，单纯把人和动物的区别追溯到劳动并不足以说明人的本质规定性，使人能够从事劳动的那种潜能和动因才能从根源上反映出人的独特性。马克思、恩格斯强调，人开始从事生产或劳动是由人的肉体组织所决定的。肉体组织的这种“决定”并不仅仅是纯生物学意义上的，而是一种客观的、属于人的本质需要和本质能力，由此构成了劳动或实践发生的内在因素。也就是说，“劳动”概念本身也是需要以人作为主体来进行定义的。劳动或实践都是受人的目的、需要所驱使而发生的。在“需要”产生的时候，这种“需要”就已经具有人的特征而区别于动物或他物了。而当劳动或实践作为人的存在和活动方式而发生的时候，其行为本身已经意味着主体被规定为具有劳动或实践潜能的“人”。如果这种客观性的“决定”体现的是人为什么或者为什么能从事劳动或实践活动，那么劳动或实践活动只能被视为人的客观潜能或本质特征在现实中的实现和确证。这样一来，究竟是人的本质决定了人的劳动或实践，还是劳动或实践反过来定义了“人”？这是一个需要在对马克思“人的类本质”概念进行深层次研究的过程中进行明确的重要问题。

2.“人”的概念的定义方式

从概念的定义方式来看，如果要对一种存在物进行实质性的定义，一般会优先使用其本质规定性作为标准。任何一种独立的、特殊的存在物都有其本质规定性用来同其他存在物相区别，也会有其独特的存在方式或运动方式。当我们用劳动或者实践来对“人”的概念进行定义时，实质上是用人的存在和运动方式来对“人”进行的界定。但是，因为劳动或实践是一种外化的活动，指代的其实是“人”这一存在物在客观世界中特殊的存在和运动方式，它并不能与人的本质规定性混为一谈，也不能完全说明人类历史发展的规律。因此，这种定义方式并非最优的，并不是从本质规定性对“人”进行的实质性定义。

在《手稿》中，马克思采用了更符合一般概念定义的方式来界定“人”的概念，即“人是类存在物”。[1]这是马克思“人的类本质”概念的直接出处。根据这句话，如果在马克思看来，“人”的概念等于“类存在物”，这个“类”是从人类诞生开始就一直存在的、全体成员所共有的特质，那么“类本质”可能就是“人”区别于其他存在物的最本质的规定性。

因此，我们有理由认为，用劳动或实践来定义“人”的概念可能并非最优的方式。劳动或实践作为人所特有的“生命活动”是由主体客观具有的某种属性即人的本质或本质需要所规定的，这种人的本质极有可能就是马克思所揭示的“人的类

〔1〕 马克思：《1844年经济学哲学手稿》，中共中央马克思恩格斯列宁斯大林著作编译局编译，人民出版社2018年版，第51页。

本质”。

二、“人”的概念的层次性

在中文中，“人”的概念通常是一种广泛而笼统的“类名”，在具体使用时要根据语境来进行理解。如“天人合一”“法律面前人人平等”“己欲立而立人”等。虽然都是“人”，但有的是指代整体的人类，有的则指代个人。其他语言与中文略有不同，在英语中，“人”的概念有多种用法相互区分的单词，如侧重抽象意义的 human、human being，性别区分后的 man、woman，社会意义的 people、个体意义的 person 等。德语也类似 Mensch、Mann、Frau、Leute 以及 Person 等，它们的基本词义都是“人”，但单词的不同反映了人以不同的形式存在的客观事实。在具体的文本中，这些不同的词汇也更有助于读者把握作者谈论的究竟是什么层次的“人”。由此可见，正如许多学者所注意到的那样，“人”的概念包含着层次性的区分。

根据存在层次的不同，“人”的概念可以被分为个人、集团、社会和人类等不同的子概念。这种对人的概念进行划分研究的方法在学界并不鲜见，不同学者所采用的划分方式也略有不同。例如，李文堂教授在研究马克思关于人的概念时就结合黑格尔哲学中对人的相关阐述对马克思语境中“人”“个人”与“个体”的概念进行了划分、区别和联系，他认为马克思接续了启蒙思想，特别是德国古典哲学中的“人格”思想，以个体与个人的世俗分裂提出了人类解放的可能性。在马克思最终完成的“人的解放”中，个体和个人将克服世俗分裂的矛盾，共同整合为“三位一体”的人的概念。[1]武天林则把“人”划分为人的个体、社会群体、人类全体三个层次。[2]当把“人类”称之为“人”时，这个“人”的概念指代了区别于其他存在物的整体的人类。当提及一个人，他是中国人、德国人或现代人、古代人等，这种“人”的概念是处于特定社会关系中，隶属于特定社会群体的。人类整体作为一种抽象而普遍的存在，需要通过特定时空中的、具体化的人来进行体现。社会群体的人就是特殊化、具体化了的人，这类人具有一定相对稳定的共同特质，但他们的共同特质并不是永恒的，而是随着时空的变化而发生变化的。相对于人的个体而言，各种社会群体依然是有一定抽象性和普遍性的存在，只有个体的人才是“人”最直观和最具体的存在。个体的人是特殊的，他的个性和特殊性构成自身与他人的相互区别。不难看出，这些对“人”的概念的层次性区分实际上就是以人存在的普遍性为划分标准的，且都默认了人类整体即人的“类存在”在层次上是最高的。也就是说，人类是普遍存在物，人的“类”代表着所有人作为一个整体而存在，这是人类自身最高普遍性的存在。

---

〔1〕 参见李文堂：《马克思关于“人”的概念》，载《南京大学学报（哲学人文科学社会科学版）》，2010年第47期，第6版。

〔2〕 参见武天林：《实践生成论人学》，北京师范大学出版社2005年版，第79—80页。

以人存在的普遍性为划分标准，并根据人所处对象性关系的不同，马克思关于“人”的概念总的来说也分为三个层次：人类（Mensch）、个人（Person）、与个体（Individuum）。这些不同的“人”在翻译成中文时，译词选择的不同可能造成理解上的困惑。例如，在目前马恩著作中，Individuum 一般被翻译为“个人”，虽然不是错误，但模糊了马克思谈论人的维度，不能更好地传达出马克思谈论 Individuum 的意图。当然，这也不能完全归咎于翻译，很多时候，马克思谈论的关于“人”的概念究竟是“人类”“个人”还是“个体”本身就不够明确，也存在混用的情况。恩格斯曾指出，马克思对某些术语的应用，不但与其日常含义不同，而且和它们在普通政治经济学中的含义也不相同，甚至前后也不一致，同一个词在不同时期可能意味着不同的事情，不同的词谈论的也可能是同一个问题。恩格斯认为这并不是一个缺点，而是一个优点，体现了概念本身应该具有的辩证性。这对马克思解释历史唯物主义的相关问题来说是必要的，且不应成为割裂他思想前后一致性的一个证据。辩证逻辑本身就应该基于概念本身的辩证性，对“人”的概念来说就应该在人历史的、逻辑的形式中，把握其概念发展的状态及缘由，展现其指代实体的普遍化和多样性，从而探寻“人”的概念背后真正的辩证本质所在。

1. 普遍存在的人类

马克思关于“人”的概念首先指代了普遍存在的、整体的

“类”（species being），或“人类”（human being）〔1〕。这样的概念产生于人与自然的对象性关系之中，是人对自身与外部世界的总体性划分。

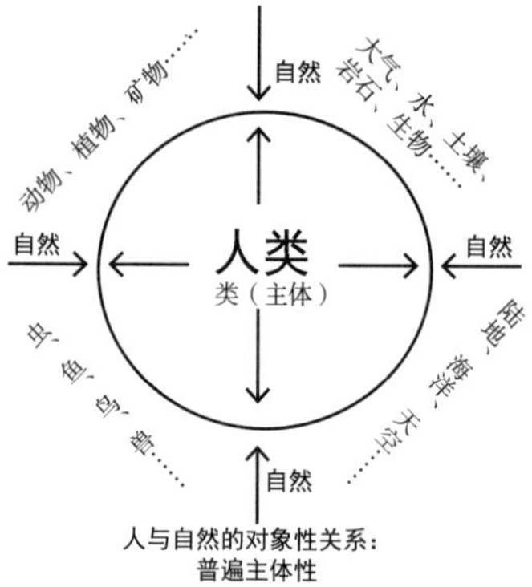

图 1　人与自然的对象性关系示意图

从进化论的角度来看，最初生物学意义上人类的诞生只是一个自然事件，由此却开启了属于人的世界之门。在从猿进化到人的过程中，人获得了区别于其他物类的规定性——人能够使用工具，他们在劳动中以除自身之外最大普遍性的自然为对象，加工、改造并利用自然。在自然的面前，人获得了整体意义上的主体性。人开始作为主体而存在，并通过劳动或实践与客观范畴的自然进行物质交换，把自身从浑然一体的世界中提升出来，构建了一个最基本的、人与自然的对象性关系。在

〔1〕　为了方便使用并与惯俗用法相一致，本书使用“人类”的概念来指代这里作为类存在的人。实际上“人类”（human being）与“类存在”（species being）是有一定概念差别的，但由于“类存在”并不是一个通俗的词汇，人们普遍习惯用“人类”来指代整体意义上的人的存在，因此，本书也采用惯俗概念。

这个对象性关系中，一个普遍性的主体——人类作为整体诞生了。也是在这种对象性关系中，人类意识到自然的存在，并以此确证自身与自然不同的存在，在主观世界中形成了“人”的概念。这种“人”的概念就是人在最高普遍性的“类”的意义上对自身做出的定义，也从根本上展示了“人的类本质”概念的来源。

作为一个具有主体意义的“类”与生物学意义的人是相区别的。生物意义上的人是进化的结果，不存在于关系之中。而作为一种类存在，人类时时刻刻处于与自然进行物质交换的对象性关系之中。马克思肯定人是自然生物学意义上的存在物，这是“全部人类历史的第一个前提”〔1〕。但问题的前提并不是问题本身，前提是问题产生的基础，是问题域之外的东西。在“人”的概念上，马克思关注的并不是生物意义上的人类起源的过程，而是“这些个人的肉体组织以及由此产生的个人对其他自然的关系”〔2〕，即处于人与自然之间普遍性关系中的人，是作为主体的整体的人。“人不仅仅是自然存在物，而且是人的自然存在物。”〔3〕在人与自然的关系之中，人不断以其意识性、目的性为特征发挥并实现自身在对象性活动中的主体潜能，从此开始了人类历史发展的漫漫过程。

在这一层次的、纯粹的“类”中，所有人是同一的、无差

〔1〕《马克思恩格斯选集》（第1卷），人民出版社2012年版，第146页。

〔2〕《马克思恩格斯选集》（第1卷），人民出版社2012年版，第146页。

〔3〕马克思：《1844年经济学哲学手稿》，人民出版社2018年版，第104页。

别的。纯粹的“类”中尚无社会分割的个人，也无意识觉醒的个体存在，因此也就没有阶级、没有个性，在此意义上，人人生而平等。人的类本质、类存在就是人类生而平等的客观来源。平等与自由一样是人类自始至终追寻的终极价值。但是，从社会或国家诞生以来，平等就成为一种理想。无论是古希腊的智者、罗马的法学家，还是近代资本主义思想家、政治家如何鼓吹法律面前人人平等，普遍的、终极的平等在现实中都是无法实现的。在社会概念的领域之中，人从出生之日起就会因家庭环境的不同陷入贫富贵贱的差异，也会在成长的过程中逐渐显现出作为个体在潜能和个性上的区别。因此在现实中，人生而不平等。

在马克思这里，他对人是类存在物这一普遍本质的刻画，揭示了人类作为整体而蕴含的普遍性价值标准，平等则是价值标准之一。标准是一种依据，也是一种理想的状态。人的类存在是其他一切人的存在状态的依据，也构成了一切人平等的价值标准，真正的平等只有在“类”的层面才能实现，然而“类存在”又是一种纯粹的、理想的状态，现实的人明显不仅仅存在于这单一的层次之中。

2. 社会性的个人

马克思“人”的概念也指代了存在于社会之中、具有社会性的人，即“个人”（person）。“个人”这一概念产生于人与人之间的对象性关系之中，是人对自身社会关系的肯定和确证。

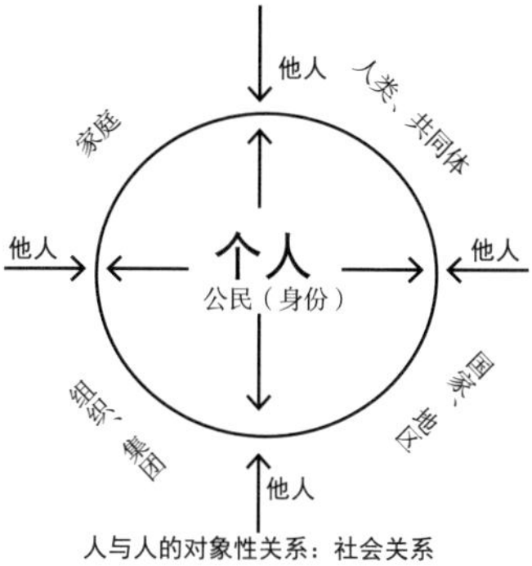

图 2 人与人的对象性关系示意图

“person”源自拉丁文*persona*，原义为古希腊、古罗马戏剧中演员佩戴的面具。由于不同的角色佩戴不同的面具，*persona*也指代了一定的“人物角色”。在社会中，每个人都像是戏剧中的演员一样，需要扮演着一定的人格角色，因此慢慢地，*persona*的含义就从戏剧中的人物引申为具有某种社会角色的人，产生了英语单词person。由此可见，个人概念的诞生从一开始就携带了某种社会的、文化的身份，是具有人格的主体。在古罗马法中，个人就是法律意义上的人，并不是所有自然出生的“人类”都可以获得person的资格。例如，奴隶就只是会说话的工具，在物权上被归属为可供交易的“物”的范畴。虽然在“自然法”面前他们与奴隶主是平等的，都是与动物相区别的人类，但他们并不具有社会赋予他们的权利和人格。因此，必须是具有某种身份、地位或者获得任何其他被社会所承认的某种属性的人才属于“个人”的概念。可见，社会对个人的存在具有决定性意义，个人只存在于社会关系之中。

马克思在《手稿》中写道“正如社会本身生产作为人的人一样，社会也是由人生产的。”因此很多人会认为，人就是随社会一起产生的。人与社会紧密相连，不可分割，社会是人的社会，人生活在社会之中，不能脱离社会而独立存在。的确，这种说法或理解是没错的，但却不能忽略其中关于“人”的概念层次。人之所以随社会一起产生，是因为这里的“人”的概念指代的是社会性的“个人”，而不是“人类”。作为一个系统，社会不过是处于相互关系中的个人的集合。社会与个人两个概念是系统和构成的关系，两个概念诞生的同时性，是毋庸置疑的。

“社会”并不与“类”等同。“类”代表着人类整体，而“社会”一般来说是对“类”的时空分割。从时间来看，人类历史经历了原始社会、奴隶社会、封建社会、资本主义社会、社会主义社会等不同的社会形式。在简单逻辑上，社会的个人包含于人类之中，因为无论哪个社会的人（个人）都享有着同一的人类的身份。反之则不必然，人类并不必然处于奴隶社会、资本主义社会或任一社会之中。从人类起源的过程来看，“个人”和“人类”并不是同时诞生的，因为“社会”晚于“人类”而产生。当然，不同思想家对人类学领域中人和社会诞生的先后顺序有同时说和非同时说的两种争论。同时说认为社会和人在起源上是同时同步的，“人类社会的最早时代——原始社会，是同人类一起诞生的”〔1〕。但是这种论断并不是主流

〔1〕 黄淑娉、程德祺、庄孔韶、王培英：《中国原始社会史话》，北京出版社1982年版，第2页。

的观点。大多数学者支持人和社会非同时诞生说。在非同时说中，又有两种基本的观点。一种认为人先于社会而存在，但这里的“人”是作为整体人类之要素的“个体”。例如，霍布斯（Thomas Hobbes）的自然状态说就认为人（个体）先于国家而存在。自然状态下的人并非“政治的动物”不具有社会性，人与人之间的关系不是社会关系而是狼与狼的关系，这种关系只会造成战争状态。《利维坦》中，他通过设想人对和平向往的激情和残存理性的苏醒从而相互之间订立契约，构建起伟大的主权国家“利维坦”，人类才开始从自然状态过渡到社会状态。〔1〕洛克、卢梭等也对自然状态有相关的论述。洛克认为自然状态中的人都遵从自己的理性，因此，有反对自然状态一开始就会造成普遍的战争状态的论断。卢梭则认为自然状态中的自然人就是处于彻底孤立状态的个体，人与人之间没有任何关系，也没有语言，社会是随着人的理性的不断发展而逐渐形成的。可见，在近代各种自然状态说中，作为整体元素的个体被赋予了一种理性和意志自由，能够自主地结成契约或形成公意，从而促成了社会的诞生。这种个体先于社会的观点明显强调人的个体本位，与近代理性高度张扬和自我意识普遍觉醒的时代特征是分不开的。

另一种非同时说则强调整体人类相对于社会的先在性。恩

〔1〕　霍布斯相关自然状态的思想主要表现在两部著作中（《论公民》《利维坦》），即［英］霍布斯：《论公民》，应星、冯克利译，贵州人民出版社 2003 年版；《利维坦》，黎思复、黎廷弼译，商务印书馆 2017 年版。

格斯在其《自然辩证法》中曾指出，社会是随着完全形成的人的出现而增添的“新的因素”。这种新的因素使人类的发展一方面获得了强有力的推动力，另一方面又获得了更加确定的方向。[1]根据恩格斯这一陈述，可见社会的产生是相对晚于人类的，人获得“个人”的身份也晚于“人类”的身份。据重演理论来理解，人从人类到个人再到个体身份的获得过程一直重现在个体成长、不同身份的获得过程中。生而为人，婴儿在其诞生之时即获得了人类的身份，但要成为一个社会性的“个人”，还需要漫长的成长之路。在婴儿长大成人的过程中，不同个体是存在社会化程度差异的，有的甚至还面临着社会化失败的风险。例如，众所周知的“狼孩”“豹孩”等，他们虽是人类，诞生之初具有成为社会性个人的一切潜力，但由于他们的社会化进程受到干扰和破坏，最终并未成为社会化的个人。这一发展逻辑同样贯穿在整个人类历史中，在人类整体产生之后，随着人类劳动引起的生产力的发展、阶级的分化，代表公权力的上层建筑开始在一定地域内逐步建立起来，由此也开始形成由个人组成的系统化、复杂化的社会。

从空间上来看，生活在全世界各个地方的人（人类）被天然或人为地划分为了不同的国家或地区，每个国家或地区构成了人类内部一个相对特殊化的社会。这样的社会是“小社会”，并未具有整体意义的普遍性，而是类的有偏向的存在。这些社

〔1〕 参见《马克思恩格斯选集》（第3卷），人民出版社2012年版，第993页。

会的发展程度和发展面向都各有不同，因而造就了不同社会的人（个人）在语言、文化、性格等方面的差别。值得一提的是，人的“类”中也存在着一些“社会”尚未或无法分割的角落。世界上目前依然存在着500多个尚未进入成熟社会阶段的原始部落，这些部落有的在接触现代社会后被先进文明所影响而进化，有的则独立缓慢发展或濒临消失。例如，生活在厄瓜多尔亚马孙流域的华欧拉尼人，他们人数只有2000左右，有自己的语言和文化，但并没有形成成熟的社会。在如今全世界大部分人类已经进入现代社会之际，他们还过着与世隔绝的生活，可能很快面临着消失。因为社会是一个复杂的系统，由经济基础和与之相适应的上层建筑、社会意识形态所构成。这些构成要素并非在人类诞生之初就已经形成，而是在人类劳动所创造的漫长历史中逐渐形成的。这些至今仍然存在的原始部落在其发展过程中一直没有形成足以构建完整社会的基本要素，因此也就一直处于社会未成形的原始部落阶段。这一部分人类的智识和生产力发展无法获得社会的“加持”，也就难以进一步获得发展的动力和方向，从而逐步走向停滞和灭亡。

区分“人类”和“个人”概念最主要的标志是看人处于什么样的对象性关系。“人类”概念所面临的对象是外在的自然，体现了一种人类整体“向外”的对象性关系。而“个人”概念处理的则是人类内部的对象性关系，[1]这样的“人”总是会

〔1〕 当然，对于“个体”来说，社会关系也有“向外”的特征，是人与外在的他人发生的对象性关系。

被划归为某种社会群体或集体之中的。没有他人，就不会有“个人”，离开社会或群体，离开了人与人之间的对象性关系，“人”就成了一个孤立的原子式的“个体”。因此，“个人”是基于特定社会历史环境所讨论的、具有社会属性的“人”的概念，这是马克思十分关注的对象。只有准确把握马克思在不同语境中讨论的“人”是什么层次的“人”的概念，才不会对马克思的文本产生误解。不能把“社会”层次的“个人”与“人类”概念混为一谈，虽然它们都具有抽象性和普遍性。

就目前人类社会发展的程度来看，社会还没有达到与类同一的真正共同体的高度，因此社会性的“个人”比作为类存在的“人类”在其概念抽象性和普遍性上要低。虽然个人的存在具有一定稳定性，但总的来说它是随着社会历史条件的变化而变化的。换而言之，社会中个人的共同特性会随着生产力和生产关系之间矛盾运动的发展而产生相应的变化，不同社会或历史阶段中的“人”（个人）的本质可能呈现出不一样的特征。“社会”可能是过去的封建社会、现在的资本主义社会、社会主义社会，也可能是中国社会、美国社会，或者以特定民族、地域的方式存在的社会，这些社会都包含了相当普遍的个人的存在，但又都具有时空、物质基础、上层建筑或者其他对个人的普遍性产生影响和限定的因素。这些因素把社会整体中的个人继续划分为不同大小的子系统。例如，集团中的“人”的概念在抽象性和普遍性上都比社会的“人”的概念更低，所包含的人与人的对象性关系的范围也更小一点。这些集团可能是个人因为利益、兴趣或者任何可能的原因所结成的团体。如资产阶级、无产阶级、基督教徒、大学生、房地产公司等，都归属于“集团”的范畴。这些多样化的集团构成了社会内部多元化的结构，也进一步分割了社会内部的复杂关系，使个人既具有普遍性也体现出一定的特殊性。

3. 独立的个体

马克思关于“人”的概念还指代了人的“个体”。个体相对于个人来说是独立存在的，是从社会关系中剥离出来的原子式个体。但个体并非没有对象性关系，个体所面临的是人与自身内在的对象性关系，[1]展示了意识和自我意识的存在方式。

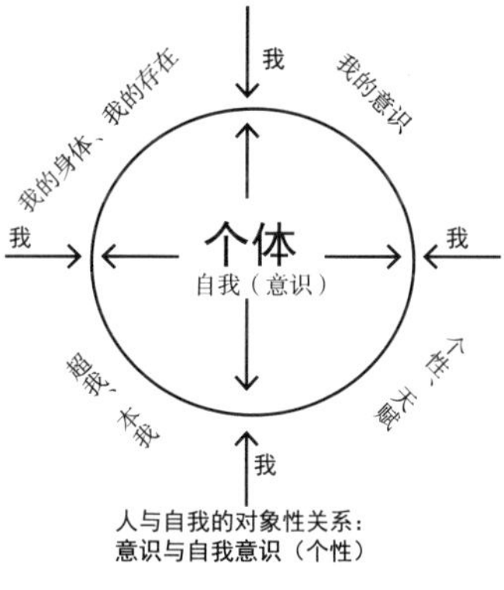

图 3　人与自我的对象性关系示意图

在个体层面，人在与自身的对象性关系中产生了意识和自我意识的区别。拥有意识和自我意识也是人与动物的重要区别，

〔1〕　当然，这种个体内在的对象性关系也有着一定的内部“向外”的特征，表现为意识和自我意识的对象性关系，例如，弗洛伊德式自我、本我和超我之间的关系。

这与用劳动来区分人和动物的做法并不矛盾，也并不通向唯心主义历史观。从经验上可知，即使人在社会化过程中其思维意识受社会环境的影响巨大，但几乎没有任何社会能完全统一每一个个体的思想，特别是对那些自我意识已经发展到独立强大程度的成年人来说，思想的统一比行为的统一更难。正如法律只致力于规范人们的行为，而无法规范人内心的思想。意识或自我意识是具有独立性、特殊性的，这也决定了个体是最为特殊性的存在。因此，如果有人从意识的角度来对“人”的概念进行界定，那这种“人”的概念并不是立足于人与自然或者人与人的对象性关系，而是对人与“自身”关系的、内在的界定，这种界定使特定的个体能够通过意识区别于他人。

在黑格尔哲学中，他把“个人”视为单个的、自由的“原子”，这是一种抽象人的概念，具有一定的普遍性。但在马克思哲学中，“个体”尽管也是“原子”，但“个体”的本质在于其包含的个性差别，如个性、需要、偏好等，是属于具体人的概念，具有独立性、特殊性和现实性。“个体”和“个人”的两种身份具有不同的“目的”。“个体”以追求私人利益为目标，“个人”则要参与政治的、社会的活动，以一定利他的“普遍性”价值追求为目的。然而，在现实中，“个体”其实是无法在荒诞的孤立和绝对的割裂关系中独立存在的，而只能在实践的、经验上可以把握的人类发展过程中存在。这也决定了“个体”必然依附于社会，个性追求也需要保持基本的与社会性的统一。一个概念上独立的“个体”终将以某种方式进入到相对确定的生产关系、社会关系和政治关系之中去成为“个人”，并且还要不断倾向于实现自身“类”的最大普遍性。因此，具体的、现实的人并非单一层次的存在，而是一种复合的概念。马克思特别重视具体的人、现实的人，注重从人的具体形态中去观察人。在《德意志意识形态》中，马克思、恩格斯就明确指出他们研究历史的前提和出发点是“现实的人”。“现实的人”是历史的主体，他们身处与自然、社会、自身的三重对象性关系之中，能够利用自己的实践能力建设和改变着社会，推动自身与历史向前发展。这样的人不仅是马克思人学思想的根本，也与历史唯物主义有着不可分割的内在联系。可以说，三重存在的人正是马克思唯物史观与人学思想的交汇点。

4. 人的本质的两次分化

“人是特殊的个体，并且正是人的特殊性使人成为个体，成为现实的、单个的社会存在物，同样，人也是总体，是观念的总体，是被思考的和被感知的社会的自为的主体存在，正如人在现实中既作为对社会存在的直观和现实享受而存在，又作为人的生命表现的总体而存在一样”。〔1〕根据以上对“人”的概念的层次拆分，马克思关于“人”的概念有三重存在的层次。无论是在现实还是观念中，“人”是个体、社会也是总体类的复合存在物。在这三重存在的层次中，人表现出不同的普遍性特征，似乎也具有了不同的本质。

---

〔1〕 马克思：《1844年经济学哲学手稿》，人民出版社2018年版，第81页。

实际上，人类历史发展到现在，人的本质经历了两次大的分化。第一次分化是从“类本质”中分化出“社会性（社会本质）”，其标志就是社会的形成以及道德和法律的产生。在人类诞生之初，人在自身与世界的对象性关系中处于一种混沌又和谐的原始状态。整体人类所具有的自然潜能使人可以区分同类与他类，也进一步对他类进行更详细的区分。随着劳动和实践的发展，或者说社会生产力的发展，人类社会开始形成比自然血缘的家庭关系更为复杂、普遍和稳定的生产关系。正是在这种以分工与合作为基础的实践性社会关系中，“社会性”从“类本质”中分化出来。人们在识别同类的基础上，进一步对同类进行了区分和确认，社会内容也开始产生不同地位和不同分工的区别，人的存在更加依赖于自己所处的社会关系（群体或国家）的发展情况。在社会内部，人们开始有意识地、专门地进行人与人之间对象性关系的处理，即社会关系的处理。

起初，自我意识觉醒较早的人类领袖依照自身所感应的自然法则建立起规范社会运作的基本秩序。在国家建立之后，个体对自然发展的主观感应开始受到社会内部其他个性思想与行为的影响，经选择和统合之后，各主观感应中的共同部分以普遍化的方式、以主观或客观的形式被确立为社会的道德和法律。随着人类生产力的不断提高，社会内部的个人也更加具体化、现实化了，他们具有了不同的身份、地位、职业、文化和气质，这使社会关系的结构日趋复杂、人与人之间相互影响和相互依赖的程度也日益加深。如今，处理人与人之间关系的活动几乎遍布了整个人类的日常生活，成为一种普遍性的存在方式，以至于在很多时候，人们所谈论的人的本质都是属于个人身份的社会性本质。

人的本质的第二次分化则是从“社会性”中分化出“个性（个体本质）”，其标志是个体自我意识的普遍觉醒。在人类起源过程中，意识是与劳动几乎同时发生的对象性活动，两者的区别在于意识是主观世界的对象性活动，而实践则是客观世界的对象性活动。然而，仅仅作为意识的主体并不意味着主体具有了独立性；只有在自我意识觉醒之后，人在新的对象性关系之中，即在人与自身的对象性关系之中才能认识作为个体的自身。这时，人开始以自身为对象，有意识地在身心等各个方面塑造自己，由此，各个个体的不同个性才开始渐渐产生。正如前面所提及的那样，个体诞生于人与自身内在的对象性关系之中,人的自我意识的觉醒也源于这种个体内部的对象性关系。在这种关系中，身为个体的人意识到自己的客观存在，也意识到自己意识的存在，意识到自己的个性与天赋，形成了自己独特的主观世界。自我意识觉醒的人，才会开始对自身的思想和行为进行反思，对自身与他人之间的关系进行思考，以及对人与世界的关系进行终极性的追问。人的哲学性思考就是个体自我意识觉醒达到一定高度的突出表现，是个体的“人”的本质在思想和精神领域的高度弘扬。

人并非天生就具有自我意识和独立的主观世界。在人类发展最初的自然经济时期，人们以对社会关系的依赖性，即“人对人的依赖关系”为基本存在方式，个体依附于社会群体，并不具有事实上的独立性。这个时候的“人类”尚未创造出辉煌的文化，他们的劳动仅仅为了满足基本的生存需要，意识也处于对自然的崇拜和对宗教的信仰的蒙昧状态。除了极少数自我意识超前觉醒的先知或领袖，社会中大部分个体并不具有独立的自我意识。到了轴心时代，中西方一些贵族阶层的人士，如古希腊的柏拉图、亚里士多德，中国的孔孟等，他们在一定程度上摆脱了经济上的人身依附关系，获得了个体相对独立性，因此有条件也有能力开始进行独立思考。这一时期，东西方思想界几乎同时出现了“百家争鸣”的繁荣景象，也产生了一些对后世影响巨大的思想成果。诸多思想家对人与社会、人与世界关系的思考开启了人类“个体”自我意识觉醒的新篇章，“人”也开始进入到自我意识萌芽的新阶段。近代以来，两次工业革命推动了生产力的飞速发展，也使社会中越来越多的人能够以“物的依赖性”为基础全面摆脱对他人的依赖性，获得个体的独立性。生产的社会化、教育的普及化以及文化的大众化使人类个体的自我意识觉醒日渐普遍化，“平等”“自由”成为近代以来人类的主要价值追求。

人类自我意识产生的整体历程在个体自我意识的产生过程中也得到了重现，儿童长大成人的过程也经历了从出生之初与世界浑然一体的懵懂状态，到识别父母亲友等日渐复杂化社会关系的社会意识阶段，到在此过程中逐步认识自身、获得个性独立的发展历程。当然，并非每个人都能在成长的过程中形成独有的个性，获得完整意义的自我意识。一些学者对普通民众“乌合之众”“群氓”的污名化从一些侧面也反映了当今社会人们自我意识缺乏的基本现状。因此，个性的发展是当今人类发展所追求的基本方向。在现实中，大多数人在三重本质存在中并没有协调处理好自身与社会、与类之间的关系，异化劳动和私有财产的普遍化使人的本质异化问题空前严峻，这造成了人类普遍的现实性痛苦。马克思关注这种痛苦并致力于谋求人在现实、在观念中获得解放的根本办法，让人能够回归自身、解放自身。也就是说，要使人的三种存在、三重本质之间的矛盾得到真正的解决，使人在其内外一切对象性关系中获得普遍和谐，人才成为了真正的人。

因此，人的根本问题就是有关人自身的问题，是有关人的普遍性问题，而不是个别人的特殊问题，因为“它所关心的是大家的真理，而不是某几个人的真理。”〔1〕那么，基于马克思“人”的概念的层次性和现实的人的复合性，是否真的存在某种“本质”能够在不同层次的“人”的历史中得到贯穿式展现？或者说，在马克思的哲学中是否存在某种能够在一切“人”中都存在的普遍的人的本质？这个问题在学术界有过较大的争论。对此不同立场的解答构成了西方科学主义马克思主义和人本主义马克思主义两大派别的重大分歧。

一方面，以阿尔都塞为代表的科学主义马克思主义者认为

---

〔1〕《马克思恩格斯全集》（第1卷），人民出版社1956年版，第116页。

马克思的思想存在着“断裂”。前期马克思所讨论的“人的本质”或“人的类本质”等概念是他思想“尚未成熟”的表现，这些概念具有较低地位或较少意义。成熟后的马克思不再关注这些形而上学的概念，并用历史唯物主义的“全新概念”（如生产力、生产关系、上层建筑、意识形态等）反对并取代了它们。因此，他们断言马克思在其后期的政治经济学理论中已经抛弃了前期对人的普遍本质的哲学理解。〔1〕如果情况真的如此，“人”不具有普遍的、一般的本质，那么后果将是无法找到某种稳定的、固有的本质属性来对“人”进行规定和限定。这样一来，人们对马克思人学思想的分析，甚至对人类自身的认识都会陷入一个“形上失落”的状态。正如后现代以来，“拒斥形而上学”的流行导致学术界对人的普遍本质的忽视或消解已经造成现代人精神家园的广泛丧失，个人主义肆虐，人与社会、他人甚至自我的疏离感严重等恶果。理论上拼命摆脱普遍规定性的人似乎更加自由了，但也似乎陷入了更大的迷茫和痛苦。

另一方面，人本主义马克思主义者则始终致力于捍卫“人的本质”在整个马克思主义思想体系中的重要地位。卢卡奇、马尔库塞、马尔库什和弗洛姆等都坚持了马克思前后阶段思想理论的内在连续性。国内的马克思主义学者虽然也有持类似科学主义观点的，他们认为马克思关于人的本质的思想是反本质主义的。但从主流观点来看，大多学者都坚持了人本主义的立

〔1〕 参见［法］路易·阿尔都塞：《保卫马克思》，顾良译，商务印书馆2010年版。

场，肯定了“人”作为一种“存在物”，它是具有某种普遍的、一般的本质属性的。这个立场也是本书的前提立场。因为本书试图证明，在马克思看来，“人的类本质”就是人所具有的普遍的、一般的本质，它内在地贯穿着整个人类历史的发展过程，是马克思揭示人类历史发展规律不可或缺的隐藏线索。在类本质现实化的过程中，现实的人在其三种存在形态中具有不同的本质特征，这些不同本质特征的产生和发展展示了人自我发展的历史过程。

三、关于“人”的概念区分

作为对第一章的总结，也为了防止在使用和理解上可能出现的概念混淆，本书将对马克思关于“人”的概念预设一个明确的区分，具体区分及其用法如表 1 所示：

表 1　关于“人”的概念区分表

概念	区分	用法
人	泛称，没有进行层次区分的一般概念	无使用限制
人类	处于“类”层次的人类整体	基于人与自然的对象性关系
个人	处于“社会”层次中的人	基于人与人的对象性关系
个体	剥离于“类”与“社会”层次的独立的人	基于人与自身的对象性关系

其中，“人”的概念作为泛称使用，不做特指。“人类”概念则特指人与自然对象性关系中的整体的人，以实现人类的普遍性为终极追求。“个人”概念是人与人对象性关系之中的

社会人，“个人”依赖于社会关系而存在，追求社会关系的普遍和谐，因此也具有利他的特性。“个体”则是基于人与自身的对象性关系而存在原子化的、独立的人，个体以追求个人私利为目的，以满足自己的需要为根本目的。

当然，在现实中，人的三重存在是无法割裂的，人们既不能回到最初仅有类的原始状态，也无法隔离社会与类的联系实现个体原子式的孤立。在马克思的文本中，他并没有如此理想和严谨地使用各种“人”的概念，这也是导致学界对马克思相关思想产生不同理解的原因之一。即使如此，对各种“人”的概念进行正确的区分和把握仍是十分必要的，因此本书预设了一个明确的区分。在具体的文本中，马克思所谈论的“人”是什么层次的人？具有什么样本质或特性？都应当将所述之“人”纳入其所处的对象性关系中去进行理解和判断，如此方能有助于厘清对马克思人的本质思想的不同理解。以此为前提，本书才能更好地探究马克思“人的类本质”概念的基本内涵，揭示人之为人的“类本质”的关键意义。

第二章

马克思"人的类本质"概念的渊源

一、马克思"人的类本质"概念产生的时代背景

从17世纪开始，西方各国陆续进入了资本主义时代。随着18世纪60年代到19世纪40年代第一次工业革命的展开，科技的进步、自然力的征服，化学在工业和农业中的应用、铁路的通行、航海技术的提高，使资本主义社会的生产力得到了极大的提高。正如马克思恩格斯在《共产党宣言》中所言，"资产阶级在它的不到一百年的阶级统治中所创造的生产力，比过去一切世代创造的全部生产力还要多，还要大"。[1]生产力的大幅发展使新的资本主义社会的产业结构、经济结构和生产关系都发生了重大的变化。资本家的大工厂逐渐代替了传统手工工场，蒸汽动力机器逐渐取代独立的手工劳动。随着新机器的推广和劳动的分工，失去劳动资料的无产者处境愈加艰难。恩格斯就曾考察了这一时期英国工人的生活状况，以亲身观察

〔1〕 马克思、恩格斯：《共产党宣言》，人民出版社2014年版，第32页。

和可靠材料提供的大量事实撰写了《英国工人阶级状况》，详尽地描述了英国无产阶级的悲惨生活。[1] 在资本家的大工厂中，工人只需要从事一些极其简单、单调和容易学会的操作，这种片面的劳动使工人日益失去了人的独立的性质，变为功能重复单一的劳动工具、发展空间狭隘的机器附属品，还面临着随时被新的机器所取代的失业危机。

与工人个体的日益狭隘相反，资本主义生产力的飞速发展打破了世界各国、各地区间相互隔绝的状态，促进了日益广阔的世界市场的初步形成。扩大市场的需要和交通的便利，驱使资产阶级奔走于全球各地，到处落户、开发，建立更普遍的经济联系。资本的全球扩张构建了一个世界市场，使一切国家的生产和消费都成为世界性的。过去的那种地方的和民族的自给自足和闭关自守状态被打破了,无论是物质生产还是精神文明，国家或民族范围的独立性受到了各方挑战，各国、各地区人们相互往来和彼此依赖日渐成为真正的现实。人们逐步打开了世界视野，开启了属于人类的世界历史。

如果说人与人的彼此联系产生了人类社会，那么随着世界历史的展开，国与国之间彼此联系、彼此依赖的程度日益加深，“国际社会”的概念也因此诞生了。从此，“社会”一词在其广度上开始超越国家和地区的界限，走向更广阔的整个人类世界，地球变成了“地球村”，“个人”成为具有世界意义的“类”

〔1〕 参见《马克思恩格斯全集》（第2卷），人民出版社1957年版，第269—587页。

的公民也具有了现实的可能性。在马克思之前，大多思想家都立足于具有一定社会历史局限性的人的存在来对人的本质进行抽象思考，马克思则把目光聚焦于全人类的存在，开始从整体的角度去思考全体人类的存在状态、发展规律和前途命运。马克思在这一时期德国古典哲学、英国古典政治经济学、英法空想社会主义三大思潮的影响下，特别是在批判黑格尔的辩证法和费尔巴哈旧唯物主义的过程中，创立了崭新的马克思主义哲学，重新认识了人和人类社会发展的历史规律，马克思“人的类本质”概念就是在这样的时代背景中产生的。

二、马克思“人的类本质”概念的词源

马克思“人的类本质”概念指向的是作为“Gattungswesen”的人。“Gattungswesen”在英文中被翻译为“species essence”或“species being”，在中文中就是“类本质”或“类存在物”。一般来说,一种性质的存在意味着具有这种性质的实体的存在。因此，“类本质”和“类存在物”这两个术语其实是同一的，是对“Gattungswesen”两个方面的描述。

在英语中，德语中 Gattung 对应的其实是 genus（属）一词。参考现代生物分类学的奠基人、瑞典生物学家林奈（Carl von Linné）根据“界门纲目科属种”的生物分类法将现代人（homo sapiens）划归为动物界、脊索动物门、哺乳纲、灵长目、人科、人属。而 species“种”，则是“属”（genus）更下一级的分类，更具有特殊性。人属下面的确有许多不同的

人种，这符合人类进化的历史事实，也符合当今世界的基本现状。因此，值得注意的就是，genus（种）跟 species（属）其实属于两种不同的层次。在印欧语系中，gen 作为词根是生育的意思，词源同 generate，有同种类的、共通的意思，象征着普遍性。这一词根从拉丁语产生的词汇有 genus、gens（人种）等，genus 派生词则有 gender、genre（由法语派生）、generation，形容词有 generalis，即后来缩写版的 general。而与 genus 相对，species 在英语中表达得更多是一种特殊的种类或类型，侧重于对一类事物相对特殊性的描述。由此可见，在“属”的层面，人的本质更偏重于人的共同性、一般性，与 general、generation 相关联，显示为人类内部某种一般的、传承性的、固定不变的普遍联系性。而在“种”的层面，人的本质则更偏重于自身的特殊性，与派生词 specific、specificity 相关联，显示出人构成自身整体的特殊性，与他物划分开来。

在将马克思的“Gattungswesen”翻译成英文时，译者采用了“species essence”一词。这是由于马克思这一概念来源于费尔巴哈，费尔巴哈在使用“Gattungswesen”时更多的是为了把人与动物进行区分，这时，“Gattungswesen”译为 species essence 似乎的确更为合适一些，显示了人相对于动物而言的特殊之处。但是，马克思的“Gattungswesen”概念其实已经与费尔巴哈有了根本的不同。虽然在区分人和动物时，马克思也关注了人相对于动物而言的特殊性，但更重要的是，马克思的“Gattungswesen”揭示了作为整体的人类内部有着的某种固定不变的一般规定性，这种规定性在所有人（generation）中都是普遍（general）存在的。因此，species essence 实际上不仅仅只是人“种”的特殊性，也具有客观“genus”的一般性。

在中文中，英文里这种容易让人忽视人的一般性进而对马克思的相关思想产生误解的译法在译词“类本质”中得到了不一样的处理。在中文语境中，无论是 species、genus 还是很多相关的词如 kind、class 等，皆可被翻译为“类”。因此，以上“种”“属”两个概念都被归纳到“类”的概念之中。作为名词，“类”的含义就是种类、类别，也有族类的意思。一般来说，由于中文更强调概念的包容性和事物之间的相似性，因此并没有对“类”进行很严格的层次划分，普遍性较高时可被称为“大类”，相应的则有“小类”之称。但无论“大类”还是“小类”，“类”都蕴含着事物之间的共同性和普遍性，同时也具有能够将此物与他物进行区分的特殊性。如果“类”与动词相结合就是“归类”“分类”。只要是头脑不太混乱的人，就能把性质相同的事物归为一起，或者依照一定共同性或特殊性的标准来把不同的事物区分开来。物虽“万类不齐”但各能“以类相从”之。世间万物并不是整齐划一的，而是多样化的、各具特殊性的存在。一个性质决定一个类，人依据“类”作为标准来进行划分，则可使万物各有其归属。当然，“类”在中文中另外还有好像、类似的意思。例如，“类人”和“人类”不同，“类人”指的是类似于人但还不是人，“人类”则特指人的族类。可见中文里的“类”是一个包容性很强，较为宽泛的名词。

总之，从词源考察来看，“类本质”内在地包括了一般性和特殊性的统一。“Gattungswesen”中的“Gattung”既是一般的“属”又是特殊的“种”，归根结底，它是“类”。而词根 wesen 则既有本质、性质（essence）的意思也意味着一种存在（being）。结合前面对人的层次性划分和对马克思术语使用混淆性的说明，“Gattungswesen”既可以适用于整个人类，将人类视为一个统一的实体“类存在”；也可以应用为存在于每个人身上的人类共同的属性或本质，这种本质使整体人类中的每个人能够普遍而永恒地联系在一起，也意味着“人”是一种独立的、特殊的存在物。人的每个个体与所有其他个体之间存在着某种稳定的联系性，这种联系是某种相似性、同一性和普遍性，是用以定义人之为人最根本的那种属性——类本质。类本质的存在在某种程度上表明每个人、每个层次的人在其本质上都密切相关，所以人是类存在物。当马克思使用“人的类本质”概念时，他所要表达的个体、个人和人类之间的普遍联系到底是什么，这个问题正是理解“人”的关键。

三、马克思“人的类本质”概念的思想渊源

任何哲学概念或思想都不会凭空产生，除了人类历史早期意识领域的零星开荒者之外，大多数哲学家思想建构的基础都有迹可循。哲学本身深厚的历史感使每个研究哲学的人都不得

不把自身的思辨建立在“通晓思维的历史和成就”的基础之上，马克思也不例外。马克思的思想从来就不是从意识的荒原上突然燃起的火焰，而是一开始就站在许多思想巨人的肩膀之上，就站在群山之巅，他批判和吸收了许多先进的、天才般的思想，熔炼的精华才点亮了满天的星火，映照人类历史行进的路途。

一般认为，德国古典哲学是马克思主义思想的重要来源。第一个明确提出“类”概念的是费尔巴哈。马克思“人的类本质”概念也源自对费尔巴哈类概念的批判性继承。但在有关“人的类本质”的研究中，学者们对马克思这一概念的渊源最早追溯到了古希腊。古希腊普罗泰戈拉的名言“人是万物的尺度”真正启示了人在自然界的中心地位，打破了传统思想对人的束缚，哲学也就此开始获得了人本主义的特征。古希腊的哲学本体本身就蕴含着某种“类”的含义，是可以涵盖一切个体性差异的、终极的理想共性。古希腊哲学家们有关事物存在和运动的思考，以及他们在生活和学习中展现的思辨精神，都是为马克思等后世思想家留下的精神宝藏。马克思也曾研究过古希腊哲学，他的博士论文就以古希腊德谟克利特和伊壁鸠鲁的自然哲学的差别为主题，对自我意识进行了切理的探讨。当作为本体的自我意识与人的身份相结合后，本体就得到了人格化、实体化和神圣化，于是就有了统摄一切的“上帝”的概念。

到了近代，随着人类社会的发展和个体意识的觉醒，思想家们更加高度弘扬人的理性，强调人的主体能动性，确立了以人为标准的价值坐标。在黑格尔、费尔巴哈等思想家对宗教的批判中，上帝开始回归于人。在黑格尔那里，上帝成了绝对精神的化身，费尔巴哈则在对宗教神学的批判诉诸自然的人，构建起唯物主义人性论的地基。马克思在批判黑格尔和费尔巴哈的过程中，对“人的类本质”概念作出了自己全新的阐释。总的来说，黑格尔和费尔巴哈对“类”或“类本质”的相关论述构成了马克思“人的类本质”概念的直接来源，在人性论和实践观上，则有着古希腊亚里士多德的影子。当然，不可否认的是，马克思思想深厚的底蕴和深刻的历史感意味着其理论来源的广泛性与多元性，本书不可能一一考究，这里仅择其重点浅溯亚里士多德、黑格尔和费尔巴哈三位哲学家对马克思“人的类本质”概念产生的重要影响。

1. 亚里士多德哲学的影响

亚里士多德是马克思非常喜欢的古希腊哲学家之一，他的哲学构成了马克思最重要的思想资源，也深刻影响了马克思对他同时代哲学以及历史现实的思考。“作为亚里士多德阐释者的马克思”〔1〕曾在其论著中多次、明确地提及和引用亚里士多德的相关名言，并将其相关的理论范式用于对德国古典哲学的批判及后期商品经济理论的分析。无论是其最初的《博士论文》还是后期的《资本论》，亚里士多德的名字时常出现在马克思各个阶段的思考之中。在关于人的本质的问题上，马克思的相关思考也受到了亚里士多德的影响，特别是亚里士多德哲

〔1〕［法］安诺澜：《作为亚里士多德阐释者的马克思》，曾怡译，载《国外马克思主义研究》，2017年第5期，第137—149页。

学中的实践观和人的本质思想，极大地启发了马克思的研究思路；亚里士多德式的辩证逻辑方法论和相关的理论范式也被马克思内在地吸收和运用。

首先，作为马克思主义哲学的核心概念，同时也是理解马克思关于人的本质思想的关键，"实践"的概念来源于亚里士多德。严格来说，早在荷马史诗中就出现过"实践"（praxis）一词的零星使用。此后，古希腊的一些哲学家将"实践"作为一个普通词语用以表示各种活动。如苏格拉底的名言中，"只要一息尚存，我永不停止哲学的实践"。[1]这里的"实践"概念与"活动"（act）的意义无异。如此的实践概念在亚里士多德的宇宙论和动物学中都未发生太大变化，但在亚里士多德的伦理学和政治学中，"实践"开始被提升为一个与人的本质相关的概念。亚里士多德对人类的活动方式进行了整体性反思，把实践定义为包括了完成目的在内的活动，这就使"实践"从"活动"中分化出来，确定了实践所具有的伦理价值在于内在的善与德性的统一。这种思想与后来康德的伦理观相呼应，一起启发了马克思，使其对实践概念加以重视。亚里士多德将实践的目的视为实践本身，康德则把人以自身为目的视为绝对命令，这种伦理精神沿袭到马克思这里之后，就发展和体现他为对人类解放的终极性思考。马克思将这种以其自身构成目的的理论范式运用到了他对人的本质的理解和阐释之中，他

---

〔1〕 北京大学哲学系外国哲学史教研室编译：《西方哲学原著选读（上卷）》（第1版），商务印书馆1981年版，第68页。

认为人的目的就是自身，就是成为真正的人，获得人的类本质的实现和成全，而这种理想或目的的达成则是通过实践来完成的。

在亚里士多德那里，实践的概念主要是理想化的，强调了实践活动本身的伦理性。只有以活动自身的善为目的的活动才是实践活动，其他以产品或外在的善为目的的活动如制作活动等，则要与实践相区别。马克思的实践概念则泛指一切人能动地改造物质世界的对象性活动，重点在于强调人类行为的对象化本质。受亚里士多德实践观的启发，马克思把实践看作现实的人的活动，它是作为主体的人与客观世界发生普遍关系的一种方式，其行为本身即满足了一种人的本质需要，这是实践最基本的善。实践的直接目的在于改变客观世界，同时也改变作为客观世界一分子的人类自身，实践的最终目的则是人的本质的实现，这是实践自身的善在人的现实和本质上的统一。在人的本质实现的过程中，实践无时不在、无处不有，始终发挥着二重化主体和客体、主观和客观的基础作用，这也使实践性始终是人的本质在其现实化过程中展现的重要基本特性。

其次，亚里士多德对人的本质的论断影响和启发了马克思对不同层次人的本质的思考。亚里士多德曾分别对人的本质作出了求知、政治动物和理性的三种论断，全面展示了人的行为属性、社会属性和精神属性。这三种属性与马克思所揭示的人在三种不同对象性关系中的不同本质是内在一致的。

（1）求知的本性。

亚里士多德认为“求知是人类的本性”。[1]其理由在于他认为求知“能使我们识知事物，并显明事物之间的许多差别”。[2]换而言之，求知是一种人在主观上区分事物差别，使万物各归其“类”的活动。这种活动作为人类知识的来源，最初就是人类爱智慧的哲学探索。当作为一切知识汇总的哲学起始于人对自然万物的惊异时，这种惊异正是由于人对自身与自身所处世界之间的差异的觉悟，和对一种种新的对象性关系的发现。求知是人的本能行为，作为求知的结果，人首先把自身与世界区分开来，然后再将其他不同的事物分别加以区分，由此不断获得人类不同感觉器官能够认识的、更为复杂的求知对象。亚里士多德想把求知作为将客观世界和理念世界连接起来的纽带，以解决柏拉图理念论的遗留问题，也为知识论的存在提供先天的根基。然而实际上，求知活动无法单独完成弥合客观世界与理念世界之间巨大鸿沟的任务。因为求知活动并不是独立的、纯粹的。首先，求知的对象即事物“类”必须客观存在，才有被认识的可能。其次，人的求知在与客观世界发生现实性关系的过程中才能进行，才能多感官获得关于客观世界经验的感性来源。包括亚里士多德在内的许多过去的哲学家都

〔1〕［古希腊］亚里士多德：《形而上学》，吴寿彭译，商务印书馆1959年版，第1页。

〔2〕［古希腊］亚里士多德：《形而上学》，吴寿彭译，商务印书馆1959年版，第1页。

没有足够重视，也没有很好把握人在自身与世界对象性关系中发生现实性关系的纽带，也就没有把人的本质与人的主观活动和现实活动共同地、真正地联系起来。直到马克思发现了人类实践与思维活动内在的同一性，以及两者共同在二重化主客体关系和主客观世界中的作用，其指出思维活动的求知就是一种特殊的实践、是主观世界中意识的对象性活动。只有客观的、现实的实践才能真正弥合理念与现实、主观世界和客观世界的鸿沟，并把人和世界明确地区分开来，再紧密联系在一起。在人与世界的对象性关系中，思维和实践都是人类实现自身本质的主要方式。

（2）社会动物。

“人类在其本性上，也正是一个政治动物。”〔1〕据有关学者统计，从 1843—1881 年，马克思有 7 次提到亚里士多德的这句名言〔2〕，可见其受此言影响之深。亚里士多德把人的本性视为政治动物，实际上就是强调了人的社会性。这种论断以当时的共同体形式——城邦为社会背景，反映了个人在人与人之间对象性关系中呈现的本质属性，也启发了后来的马克思从社会历史的视角来思考人的本质问题。亚里士多德认为，人从来没有也不可能以单独的个体存在，人总是处于一定的家庭、

〔1〕［古希腊］亚里士多德：《政治学》，吴寿彭译，商务印书馆 1997 年版，第 7 页。

〔2〕参见史文静：《马克思“人天生是社会动物”的思想》，载《新闻界》2013 年第 9 期，第 75—76 页。

部落、国家、社会之中的。并且人只有在群体社会中才能够体现和实现自己的本性。即使在最原始的水平上，人类也必然涉及某种具有普遍性的组织形式，社会的概念就由此产生了。小到氏族、部落，大到社会和国家，具有一定普遍性的人类群体都有它赖以维持其功能和程序正常运转的规则或法律，人们依照这些规则和法律生活在由许许多多、大大小小不同齿轮相互紧密咬合、分工协作而组成的精密社会机器之中。源于对美德和友爱的需要，人必然走向这样由规则和法律所主导的政治社会。一方面，美德的培养无法纯粹依靠自觉而实现，只有在法律强制下，人才能成长为具有美德的人。美德形成的需要把人们引向了由强制性法律作为支撑的政治社会，人具有政治性、社会性，只有在政治社会中，人才能真正地实现至善，才能成为人或善人。另一方面，人与人之间的友爱也促使人们走向了政治社会，亚里士多德在《尼各马可伦理学》中认为，是友爱把城邦联系起来，与公正相比，立法者更应重视友爱，立法的目的一方面就是加强友爱和团结，另一方面则是消除仇恨与对立。

可见，立足于美德和友爱，亚里士多德对人是政治动物的论断是为他的德性论服务的，其展示了城邦或国家在塑造和实现人性之善上的决定性意义，也肯定了社会和国家先于并高于个人而存在。个人与社会、与国家的关系就如同人的手足与身体之间的关系一样。个人只有在社会和国家中、作为社会和国家的一部分，才能发展他的潜能，实现他自己。因此，社会和国家就是人的本质，政治是最高的善，社会生活则是人类生存的最终目的。人只有在社会中、在国家政治中才能实现自己的本质和使命。“城邦之外，非神即兽。”根据亚里士多德的观点来看，要把握人的本质，就必须把人放在一定的社会中来进行分析和考察，而不能把人看作脱离社会与国家之外单独存在的抽象的人，这一基本的思想逻辑深刻影响了后来的黑格尔和马克思。

其实，关于国家和个人的历史关系，思想界还有另一种与之相反的立场。例如霍布斯就认为个人先于国家而存在，人并非一开始就是政治动物，并不具有社会性。在关于人性的问题上，霍布斯以一种机械心理学把人理解成集情感和欲望为一体的纯粹心理动物，其行为的“动机”要么是感觉器官的条件反射，要么是本能激情的自发表达。这样的“人”与他的唯名论、自然状态和契约论等结合起来就成了一个具有反社会性的个人主义者，他的天性先于国家，他的社会身份是服从于主权者意志的产物。卢梭也认为，人经历了从自然状态到社会状态的过程，在最初自然状态中，人们各自处于一种彻底的孤立状态，彼此之间没有任何关系。政治社会是后来人们通过社会契约而结成的。但显然，马克思在这个问题上继承了亚里士多德的思想逻辑，肯定了社会和国家对个人来说的优先性。但是，在马克思看来，人类历史或现实中存在的社会和国家还不是具有最大普遍性的存在，还有一个比国家或社会更具有优先性、先在性和普遍性的概念，那就是代表人类整体存在的“类”。只不过，在现实中，人们通常把社会和国家，如城邦一样，视为“类”的代表。人作为整体的、普遍的类存在，其本质也现实化地展现为个人与生俱来的社会性。

（3）理性本质。

亚里士多德还把理性视为人的本质。一方面，他认为理性和智慧是人区别于其他动物的标志。这种论断与后来黑格尔、费尔巴哈等用意识对人和动物进行区分的做法是类似的。另一方面，理性也是人类活动的原因和目的。人的理性能够控制自身的欲望和行为，使之符合一定的道德和社会观念，这是亚里士多德幸福观、伦理观的人性基础。这种理性本质的提出基于当时人类受自然条件影响较大、社会形态与功能尚不健全的情况，也就是人类尚未厘清自身“类”的普遍性和社会普遍性，即对“类”和“社会”的概念都不甚清晰的时候。亚里士多德把理性作为将类存在的人与政治人（社会人）进行统一的原因，是以目的论为框架对人的本质进行的思考和判断，也是将人类活动的应然与实然进行连接的关键。

人的理性本质的提出对整个西方哲学的影响十分深远。后来黑格尔的“精神”“思维”概念或者的费尔巴哈的“意识”概念等与理性在一定程度上都属于同性异名，其基本内核是趋于一致的，且都被视为人与动物的根本区别。在康德那里，“理性”则成为他分析批判的主要对象，与人的主体性地位和意志自由紧密相关。这些哲学家对人类理性、意识性的思考共同影响了后来的马克思。当然，受历史局限性的影响，亚里士多德判定的理性本质更多的是一种内在的目的论研究，是一种具有较强抽象性、一般性的思想范式。这种抽象本质论脱离了人的现实生活。不过，正是由于其一般性和普适性，才能够超越历史获得形式上的广泛运用和发挥。马克思也正是将他在亚里士多德那里继承而来的对人的理性、意识的思想范式应用于对现实的人的思考之中，才由此产生了历史唯物主义中关于人的本质的重要思想。

最后，马克思在阐释“人的类本质”概念、进行有关于人的本质问题的思考时，内在的吸收、使用、演绎并发展了亚里士多德哲学中的辩证方法论和相关理论范式。作为西方哲学体系化的完成者，亚里士多德创造的三本原说、四因说以及相关的概念、范畴和研究方法等历久弥新，一直为后世的哲学家提供着基本的思想导向和思辨工具。马克思在通过对现实资本主义社会中工业劳动的描述、对无产阶级革命理论建构以及对人类整体前途命运的思考中去把握人的本质时，他内在地使用了亚里士多德式的辩证逻辑，也实际地吸收和发扬了亚里士多德质形论中潜能与现实的理论范式。

在哲学史上，亚里士多德第一次使用潜能与现实这对范畴深刻地揭示了事物存在和运动的规律。亚里士多德认为，“潜能”是本体的存在方式，是事物的动变渊源，是一物成为另一物，或成为它自身（将自身当作另一物）的动能。潜能包括两个方面，一方面是指事物能够受作用的被动潜能、被动变的性能，即接受另一事物的作用（或将自身当作另一事物所发生的作用）；另一方面则是指事物不受作用的潜能，不被动变的性能，即不因别事物的作用（或将自己当作另一事物）而变坏以致毁灭的动变渊源。潜能的这两个方面的性能在某种意义上是合一的，但在另外的意义上又是相异的。〔1〕可见，在亚里士多德所定义的“潜能”概念中，本体自身包含了变与不变的两个基本因素和一对矛盾，正是这一对矛盾构成了本体的动变之源。“现实”或“实现”则是事物的存在方式，这种存在方式已与本体的潜在存在方式不同，是具有现实性的存在。与潜能不同，潜能是无限的存在，现实则是有限的存在。潜能要通过向现实的过渡或转变才能获得其现实性，但这种过渡和转变是有条件的，亚里士多德还从辩证的角度指出潜能先于现实与现实先于潜能的统一。〔2〕亚里士多德哲学中这种潜能与现实的思想范式深深地影响了马克思对相关问题的思考。将之运用在对马克思人的本质思想的理解之中，就能够更好地把握到人之为人不断实现自身的根本动力所在，也能够更好地解释人的本质与人的现实存在之间的辩证关系。

当然，亚里士多德对马克思的影响是广泛的，但并不是直接的。马克思对亚里士多德的实践观、人的本质思想和哲学方法论不是简单继承与发展的关系，而是将其纳入具体时代和

---

〔1〕　参见［古希腊］亚里士多德：《形而上学》，吴寿彭译，商务印书馆1959年版，第193页。

〔2〕　参见［古希腊］亚里士多德：《形而上学》，吴寿彭译，商务印书馆1959年版，第199—207页。

社会背景中进行的演绎与发挥。通过对实践概念的创新，马克思把人与自然、与他人和与自身的对象性关系统一在一起，把握到了人在其行为属性、社会属性和精神属性之上更为根本的——人的类本质。通过对“人的类本质”潜能现实化过程的具体展开，马克思揭示了人类社会历史发展的根本规律。

2. 黑格尔的“个人是类”

除了《莱茵报》时期的社论，马克思文本中最早提到“类本质”概念的地方是《论犹太人问题》：“在政治国家的领域内，国家的各个环节把自己当做类的本质，当做‘类本质’。”〔1〕这里的“类本质”概念是马克思所理解和批判的黑格尔的类概念。黑格尔在《法哲学原理》中指出，“国家的成员是私人，而作为能思想的人，他又是普遍物的意识和意志。但是，这种意识和意志只有在充满特殊性（而这种特殊性就是特殊的等级及其规定）的时候，才不是空虚的，而是充实的和真正有生气的。换句话说，个人是类，但是他只有作为最近的类才具有自己内在的普遍的现实性”。〔2〕

实际上，“类”的概念在黑格尔那里，主要有两层含义：一是指他所谓的纯粹思维形式，类似于康德的先天范畴；二则是指事物的本质、普遍性或共相，与柏拉图的“理念”相类似。当黑格尔说“个人是类”的时候，这里的“个人”是“私人”，

〔1〕《马克思恩格斯全集》（第1卷），人民出版社1956年版，第379页。

〔2〕［德］黑格尔：《法哲学原理》，范扬、张企泰译，商务印书馆1961年版，第371页。

是属于我们所划分的层次中个体的“人”的概念，并不具有广泛的普遍性。然而黑格尔又把“人”和“类”等同起来，认为个体要在“最近的类”，即某种与其直接相关的普遍性的存在中才能获得自己内在普遍性的现实性。这实际上就揭示了“人”在现实存在中所包含的矛盾：个体的存在与“类”相区别，个体是特殊的、具体的，以自己独立的方式存在。而“类”是人的普遍性或者共性，两者如何能够统一于一体？黑格尔认为，只有将个体置于普遍性之中，才能获得统一。对于这个矛盾的疑问也涉及马克思的人性观立场。当阿尔都塞认为马克思哲学中没有普遍人性的概念的时候,他就是将普遍的人性与具体的、特殊的人对立了起来。因为根据分析哲学常用的形式逻辑，普遍的就是抽象的，而特殊的才是具体的、现实的，两者相互区别且相互对立。然而，如果以源于黑格尔哲学中的概念辩证法来对此进行理解，这个矛盾就并非不可调和了。

在黑格尔的逻辑学中，概念是客观普遍性和外在个体性的统一，也是存在与本质的统一。一个具体概念包含着普遍性、特殊性和个别性。普遍性和特殊性可以相结合，从而达到具体，这就是具体普遍性（或具体共相 concrete universality）。黑格尔把绝对精神的辩证运动和概念的内在发展结合起来。简单来说，黑格尔摒弃了康德在形而上学问题上的不可知论，他把普遍性分为了两种，抽象普遍性和具体普遍性。绝对精神作为一种本质存在，它是抽象普遍性，它要实现自身、认识自身就必须外化（entausserung）为具体的事物，最终达到具体普遍性。

绝对精神以外化后的具体的事物为中介，在这个具体的对象中辨识出对象就是自身，从而占有自身。具体普遍性就是在具体事物之中并构成具体事物的普遍性本质。

关于人的本质的问题也可以从抽象普遍性和具体普遍性的区别和联系来进行理解。如果把人的本质视为一种普遍性，这种普遍性是抽象的，但人的本质必然将在各种外化的形式中实现自身，从而认识和占有自身，获得其在现实中的具体普遍性。这里的“外化”可以用不同的术语来表示。从实现方式来说，可以是“对象化”“现实化”；从实现状态来说，可以是“异化”或卢卡奇的“物化”。总的来说，这些术语都表达了人的普遍性本质实现和占有自身的某种方式和阶段性状态，也反映出人的本质辩证发展的渐进性过程。马克思哲学中“人的本质”或“人的类本质”与这些不同的“外化”密切相关。其实，当一些马克思主义者如诺曼·杰拉斯等，在驳斥阿尔都塞式对马克思普遍人性的否定时，他们都没有看到“人性”或“人的本质”概念的辩证本性，从而导致了非此即彼的片面人性观立场。这样片面的、割裂式的理解并不符合马克思对黑格尔辩证法的继承和发展。在马克思那里，“人的类本质”的确是一种抽象的概念，它表明人有一种普遍的、一般的本质，但这个本质并不仅仅只是静止的、形而上学的抽象，而是处于始终从抽象到具体的矛盾运动过程之中。普遍与特殊、抽象与具体的关系并不是绝对对立的。相反，它们是相互依存、可以相互转化的，两者之间的辩证矛盾正是构成人的本质不断现实化发展的动力，展现出人类历史发展的无限性。这正如黑格尔所强调的：“死的东西，自身不动的东西，到达不了本质的差别，到达不了在本质上对立或不同一的东西，因而也到达不了对立面的过渡，到达不了质的、内在的运动，到达不了自身的运动。”〔1〕“人的类本质”是抽象的，但它不是死的、僵化的抽象，而是辩证地、内在地、生机勃勃地运动着，向外源源不断地转化为具体的、多样的现实性。

但是，黑格尔“个人是类”的观点立足于他的唯心主义哲学立场。对黑格尔来说，他认为“类存在”就是具有普遍性的国家，国家是客观精神的化身，是人格的最高层次。因此，“个人是类”表达的意思是：人是特殊的，但也是普遍的意识存在物，人在政治国家中能够感受到人的类本质的现实性，因此国家能够在政治生活各个环节中将自己当做“类本质”。对于这样的“类本质”，马克思是持批判态度的。黑格尔将“人”的概念的逻辑运动当做从本质确证和回归自身的过程。但这个本质自本自根，它辩证运动的结果就是在国家中产生了宗教，人把宗教当作自己的类本质，但是这种本质是虚幻的，人要据此实现自身，人也就沦为了幻想。在《黑格尔法哲学批判》中，马克思激烈批判了黑格尔赋予精神的绝对权威，他反对将人的本质看作绝对精神的化身，揭示了由国家和社会产生的宗教是一种虚幻的意识，是人的本质在幻想中的实现。

---

〔1〕［德］黑格尔：《精神现象学》（上卷），贺麟、王玖兴译，商务印书馆 1979 年版，第 33—34 页。

马克思的这种批判与费尔巴哈对黑格尔的批判立场相一致，这与费尔巴哈当时对马克思的影响有很大关系。《黑格尔法哲学批判》写于1843年，紧接着，1844年马克思就写了著名的《手稿》，1845年他又记下了《关于费尔巴哈的提纲》（以下简称《提纲》）。在这段时间里，他频繁使用“人的本质”或“人的类本质”等相关概念，密切关注并思考着哲学中关于“人”的问题。马克思批判了黑格尔从绝对精神出发对人所作出的唯心主义定义，但马克思的批判针对的是黑格尔的思想基础和实际内容，而不是它的方法论。马克思内在地接受了黑格尔的辩证法“作为推动原则和创造原则的否定性”。[1]他肯定黑格尔对人的本质的辩证理解，把人的自我创造视为一个过程，把人的对象化视为对立化、外化，也视为对这种外化的扬弃。而对象化的人（也是现实的人）是自身对象性活动的结果。马克思在阐述他有关“人的类本质”的思想时继承了这样的辩证法。特别是在对费尔巴哈的批判中，马克思批判费尔巴哈仅仅从抽象意识的角度去定义人的类本质，而他自己则从现实的人出发，把人定义为一种既具体又普遍的“类存在物”。

3. 费尔巴哈的“类”概念

一般认为，马克思“人的类本质”概念是直接来源于费尔巴哈的。在《手稿》中，马克思大量使用了费尔巴哈式的“类”概念：“类本质”“类存在”“类生活”“类意识”等相关术

〔1〕 马克思：《1844年经济学哲学手稿》，人民出版社2018年版，第98页。

语展示出他对异化劳动和人的本质的思考。梅林和普列汉诺夫甚至认为马克思直接沿用了费尔巴哈人本主义哲学中最核心和最基础的东西。当然，他们的这种论断招来了许多驳斥。卢卡奇相对辩证地看待了费尔巴哈对马克思的影响，他认为费尔巴哈在黑格尔与马克思之间起到了中介性的作用，但这种影响和作用并不是决定性的。弗洛姆则认为马克思源自费尔巴哈的内容主要是对人的关怀，马克思在异化劳动理论中提及“人的类本质”概念的真正目的是说明人能够克服异化、得到解放。可见费尔巴哈对马克思最重要的影响在于其人本主义立场。的确，费尔巴哈对马克思的影响是毋庸置疑的，但关键的问题就在于如何理解马克思对费尔巴哈“类本质”概念的态度，换而言之，也就是马克思对费尔巴哈人本主义哲学的继承与批判问题。

目前，国内马克思主义学界对于这一关键问题主要有三种观点：第一种观点认为马克思相关类概念的提法都是对费尔巴哈“类本质”“类存在”等术语的直接借用，并没有赋予什么另外的特殊意义，也没有超出费尔巴哈人本主义的范畴；〔1〕第二种观点认为马克思在对黑格尔和费尔巴哈哲学的批判中，已经对“人的类本质”产生了自己独特的理解，不应该夸大费尔巴哈对马克思的影响；〔2〕第三种则采取一种折衷的态度，

---

〔1〕　参见冯宪光：《论马克思对“人”的类概念的使用》，载《社会科学研究》1982 年第 1 期，第 15—20 页。

〔2〕　参见侯相林：《“类本质”辨析——学习马克思〈1844 年经济学—哲学手稿〉札记》，载《内蒙古大学学报》1983 年第 1 期，第 1—10 页。

认为马克思在向新世界观转变的过程中，经历了费尔巴哈这一中间过渡环节，对费尔巴哈的“类”概念的态度也有一个从赞成到否定的过程。前期马克思使用的“类”概念主要是从费尔巴哈那里借用过来的，它是马克思思想飞跃中的一个“跳台”。但随着马克思研究的深入，在新的世界观诞生的过程中，他对费尔巴哈进行了激烈的批判，在“类”概念的使用上也发现并克服了费尔巴哈的局限性。〔1〕

在这三种观点中：第一种观点必然导致对马克思“人的类本质”概念的抛弃。在从《手稿》到《德意志意识形态》的这段时期内，马克思通过对费尔巴哈旧唯物主义的批判逐渐构建起自己独特的历史唯物主义理论体系。当马克思全面阐述历史唯物主义的基本原理时，先前在《手稿》中临时借用的费尔巴哈“类”概念也就被彻底的解构和抛弃了。但这种抛弃无关马克思思想的连续或断裂，而只是抛弃一种不属于自己思想中的“外物”而已。第三种观点看似折衷，但实际也是以马克思思想的断裂论为前提的。观点三认为当马克思发现了“生产力”“生产关系”等概念并以此科学阐述人类社会发展规律时，即当马克思把人置于现实的、具体的、历史的社会关系中，特别是置于生产关系中去考察时，他必然要抛弃曾经在其思想中只是起过渡作用的费尔巴哈式“类本质”概念，转而用更加科学的概念和语言来展示他历史唯物主义的观点。第二种观点则是符合

〔1〕 参见李庆钧、吴坚：《从赞成到否定：马克思对费尔巴哈的“类”的态度》，载《扬州大学学报》1999年第2期，第1—4页。

人本主义立场的观点。正如弗洛姆所主张的那样，马克思的哲学来源于西方人道主义的哲学传统，这个传统的本质就是对人的关怀，对人的潜在才能得到实现的关怀。[1]同时，马克思也继承了费尔巴哈人本主义的哲学立场，他关注“人的本质”、关怀人的发展和自我实现，在批判费尔巴哈式的“类本质”的基础上为之填充了新的历史内容。

不过，无论以上哪一种观点，都肯定了费尔巴哈“类本质”概念对理解马克思“人的类本质”概念的重要性。至于马克思对费尔巴哈人本主义哲学的继承与批判问题，则需要首先对费尔巴哈“类”概念的具体内涵进行考察和明确。

费尔巴哈的“类”概念是在《基督教的本质》第一章中为了区分人和动物而提出来的，因此也算是他对“人”的定义。费尔巴哈认为，人与动物的本质区别是意识，但是这种意识必须是经严格限定的意识：“只有将自己的类、自己的本质性当作对象的那种生物，才具有最严格意义上的意识。动物固然将个体当做对象，因此它有自我感，但是，它不能将类当做对象，因此它没有那种由知识得名的意识”。[2]费尔巴哈认为，科学最能体现人的类意识，因为在日常生活中人们接触的都是个体，但在科学研究中，人们必须跟类打交道，去把握事物的本

〔1〕　参见复旦大学哲学系现代西方哲学研究室：《西方学者论〈一八四四年经济学—哲学手稿〉》，复旦大学出版社1983年版，第15页。

〔2〕　［德］费尔巴哈：《基督教的本质》，荣震华译，商务印书馆1984年版，第33页。

质特征与规律。而“只有将自己的类、自己的本质性当做对象来对待的生物，才能够把别的事物或实体各按其本质特征作为对象”。[1]简而言之，人与动物的根本区别是这种严格的、对自身类本质的意识。

费尔巴哈的这种论述其实涉及哲学中的一个大问题：对意识的定义。根据费尔巴哈的阐述，“对象”并不是人所特有的，动物的生存也具有对象，甚至有自我感。那区别动物的感知与人的意识、动物的自我感与人的自我意识之间的标准到底是什么？费尔巴哈认为这个标准就是“类”。动物不具有将“类”作为对象的那种意识，因此无法以普遍性为标准去区分自我和对象。高级动物所拥有的这种对个别对象的感知和自我感，只能说是一种“类似意识”（实质上还是“无意识”）。它们与世界的关系状态与人类意识诞生之前或者婴儿在母体之内时的那种混沌的感知状态相类似，并不能对自身和外物进行清楚明确的区分。而“严格意义或本来意义下的意识，是同对无限者的意识不可分割的；有限的意识不是意识，意识的本质特性，就是总括一切、无限”。[2]而严格的意识只属于人类特有，是以无限的“类”为对象的。如此看来，费尔巴哈的意识概念与亚里士多德的理性概念有几分类似，都可以用来把握事物内

---

〔1〕［德］费尔巴哈：《基督教的本质》，荣震华译，商务印书馆1984年版，第33页。

〔2〕［德］费尔巴哈：《基督教的本质》，荣震华译，商务印书馆1984年版，第34页。

在的普遍性和异类事物之间的差别，因此，也能够用来区分人与动物。

“意识把自己的本质之无限性当成对象”。[1]费尔巴哈认为，“类”是无限性的表征，因此意识也是无限的。“有限的意识不是意识，意识的本质特性就是总括一切、无限”。[2]动物的“类似意识”在“质”上区别于人的“意识”的标志就在于人能够以自身“类”为对象。费尔巴哈认为这种严格的“意识”能够无限分割人的自身与外界，主观与客观。在把对象作为纯粹思维的对象来处理时人得以把自身与世界区分开来人，形成了自身独立的“类”。从此人的主观世界也从客观世界中独立了出来，形成与物质世界完全异质的意识。所以，费尔巴哈把意识等同于人的类本质。但是“人来源于动物界这一事实已经决定人永远不能完全脱离兽性”。[3]在人与世界的关系之中，人对世界依然保持着一部分动物式的、直观的、非对象化的反映，这是不属于人类“意识”的“无意识”部分。动物最多具有一定的“类似意识”，而人既具有“意识”也具有类似意识的“无意识”，这就意味着人拥有和动物不一样的双重世界、双重生活。对于动物来说，它们的内在生活和外在生活是浑然一体的。而人，既具有外在生活，又具有独立的内

〔1〕［德］费尔巴哈：《基督教的本质》，荣震华译，商务印书馆1984年版，第34页。

〔2〕［德］费尔巴哈：《基督教的本质》，荣震华译，商务印书馆1984年版，第34页。

〔3〕《马克思恩格斯选集》（第3卷），人民出版社2012年版，第478页。

在生活，两种生活相互统一，也时常存在着矛盾。由于个人所面临对象的有限性以及无法超脱的动物式需要很多时候被放到了首要位置，外在生活和内在生活的界限很多时候也并没有那么明显。并且，由于费尔巴哈仅看到人能够在意识中以自身的“类”为对象，而忽视了人所把握的“类”具有内外世界的双重性，所以他假设即使没有外在的另一个个体，人也能够进行思维，但外在的个体对象的缺失并不代表双重世界中对象的完全缺失，因此他并没有找到人的本质之无限性的现实来源。

关于基督教与人的本质的关系问题，费尔巴哈对黑格尔进行了批判。他从感性的人出发，用人的类本质的异化来揭露神学和思辨哲学的“颠倒”和对现实的歪曲。〔1〕费尔巴哈认为，宗教是而且只能是人对自己无限本质的意识。〔2〕上帝就是人的无限本质的化身，其实就是人自己的本质，对上帝的意识就是人的自我意识，宗教和唯心主义哲学都是人的存在及其精神活动的异化。费尔巴哈试图用属于人自己的类本质取代黑格尔式唯心主义抽象出来的绝对本质。但实际上，他对人的本质的理解并没有超出黑格尔很多。费尔巴哈虽然打碎了基督教为人的本质佩戴的虚幻宗教面具，却赋予了“人的类本质”以理性、意志和心的虚幻内容。这些内容对于现实的人来说仍然

〔1〕 参见孙伯鍨、张一兵:《走进马克思》，江苏人民出版社2012年版，第8—9页。

〔2〕 参见［德］费尔巴哈:《基督教的本质》，荣震华译，商务印书馆1984年版，第33页。

属于纯粹抽象的形而上学范畴。可见，他虽然把人的本质还给了人，但这些本质依然是意识性的、非现实的抽象物。虽然费尔巴哈也讲“现实”，他批判黑格尔的自我意识是与人相分离的，无实在性的抽象。但他所谓的“现实”仅仅是马克思在《提纲》中所批判的“感性直观”。费尔巴哈认为只有感觉的、直观的和知觉的对象是确定的、现实的存在。费尔巴哈也讲“社会”，但他的“社会”基于爱与友情，整体上局限于人与人自然的、简单的联系。因为费尔巴哈不了解实践，他看不到社会的、现实的“人”。因此在他那里“人的类本质”不是真正与他人、与社会有关的联系而是一种自然的、内在的和无声的联系。虽然费尔巴哈是一个唯物主义者，但他对“类本质”的理解依然停留在意识领域，他所谓的“类本质”仍是纯粹抽象的、与现实割裂的概念，这也导致他唯物主义哲学的非彻底性，不能真正深入到社会历史领域之中。

除此之外，费尔巴哈其实也在一定程度上认识到了“人的类本质”概念所包含的矛盾性关系。一方面，他认为人的类本质能够使每个具体的个人能够从无限多的不同个人中实现自己；另一方面，不同个人之间也始终存在着相互敌对、相互对立的矛盾关系。但费尔巴哈的局限性在于他没有将这种关系归结为来自阶级社会的现实历史条件，即现实的人所立足的生产力水平、经济基础等客观物质基础，也没有结合人类社会历史发展的进程来辩证地、历史地看待人。正如马克思、恩格斯所批判的那样，费尔巴哈的哲学“仍然停留在理论领域”，因为他“从来没有看到现实存在着的、活动的人，而是停留于抽象的‘人’”。[1]

总之，继承古希腊哲学家相关理念和方法，在对同时代哲学家有关人的本质思想的批判、消化和处理中，马克思就像一个技艺精湛的园丁，他用人的类本质概念树立起现实的人的标准，又据此修剪掉黑格尔主义哲学中那些生长过剩的唯心主义枝丫，铲除了费尔巴哈式旧唯物主义中感性直观的凌乱根须，培育出一棵散发着历史辩证之美的崭新树苗。这颗树苗被马克思种植在人类无尽对象性活动——实践的土壤之中，最终成长为一整片枝叶茂盛又果实累累的历史唯物主义花园，至今仍然生机勃勃。

〔1〕《马克思恩格斯选集》（第1卷），人民出版社2012年版，第157页。

第三章

马克思“人的类本质”概念的内涵

关于人和动物的区分，马克思在《手稿》中也做过与费尔巴哈相类似的论述：“人是类存在物，不仅因为人在实践上和理论上都把类——他自身的类以及其他物的类——当作自己的对象；而且因为——这只是同一种事物的另一种说法——人把自身当做现有的、有生命的类来对待，因为人把自身当做普遍的因而也是自由的存在物来对待”。[1]在这段话中，马克思直接定义了“人是类存在物”，肯定了人之为人最根本的“类本质”。马克思和费尔巴哈这两段论述的共同之处在于都强调了人与动物的根本区别是将“类”作为对象。可见，“对象”是理解“人的类本质”概念的一个关键。

〔1〕 马克思：《1844年经济学哲学手稿》，人民出版社2018年版，第51页。

一、人的对象和对象性

首先，人是有对象的。这一自然的、基本的事实表征着人的主体性和人的本质的对象性。在马克思看来，“对象”对人来说就是思维或实践活动指向的标的物。不过，这一概念在黑格尔和费尔巴哈那里则有所不同。

一般来说，“对象”（Gegenstand）和“客体”（Objekt）的概念并没有非常严格的区分，有时可以互换。但黑格尔则认为，它们有着较为严格的区别。德语Gegenstand由gegen（towards朝、against对）和Stand（standing站立、position位置）复合而成，直接的字面意思是“与其他事物（主体）相对立的东西”，广义上，“对象”概念泛指科学知识所考察的对象，狭义上则专指《精神现象学》中意识外化自身所产生的对象。但这两层含义的核心意思其实是一样的，都可以归纳为知识的对象，即通常所说的“外部事物”。“Objekt”源自拉丁语“objectum”，字面义是“被迎面抛掷而来的东西”。对黑格尔而言，客体是从主观概念到理念的中间环节。一个客体和一个事物不是一回事，事物可以与主体无关地存在着，但客体的概念却必然与主体相关。可见，黑格尔的“客体”就是某物的对象，通常是主体的对象，而“对象”主要是知识的对象，即意识和自我意识的对象。“对象性”则被黑格尔用来表述绝对精神系统中意识同自我意识之间的关系，抽象思维辩证的“对象性活动”贯穿于黑格尔的哲学体系。由此可见，黑格尔的“对象”不是属于人的，而是属于意识的对象，而意识对人来说是独立的。[1]

在费尔巴哈那里，“对象”的概念一方面明确了某物是作为主体的人之外的存在，另一方面则是指“主体必然与其发生本质关系的那个对象，不外是这个主体固有而又客观的本质”。[2]在对人的本质的理解中，费尔巴哈肯定人的对象性，认为人通过对象来映照和直观自身。当人以自然界、他人或者上帝为对象，人也在这些对象中直观到自身。所以在此意义上，人就是自然界、是他人、也是上帝。据此逻辑，如果人以国家、以社会为对象，通过社会和国家的存在来映照和直观自身，那么就会如马克思所言“人就是人的世界、就是国家、社会。”[3]如果人仅以外物为对象，那么人也是物，主体通过物质对象的映照使得自身也被物化了。但如果没有了这些对象，人也就没有了主体固有而客观的形式。“没有了对象，人就成了无”。[4]

“非对象性的存在物是非存在物”。[5]“被抽象地理解的、自为的、被确定与人分隔开来的自然界，对人来说也是无”。[6]马克思也有着与费尔巴哈相类似的阐述，基本上继

〔1〕 参见文学平：《论唯物主义认识论中的知觉问题——如何理解〈关于费尔巴哈的提纲〉第一条》，载《浙江大学学报》2017年第4期，第5—16页。

〔2〕［德］费尔巴哈：《基督教的本质》，荣震华译，商务印书馆1984年版，第37页。

〔3〕《马克思恩格斯选集》（第1卷），人民出版社2012年版，第1页。

〔4〕［德］费尔巴哈：《基督教的本质》，荣震华译，商务印书馆1984年版，第36页。

〔5〕 马克思：《1844年经济学哲学手稿》，人民出版社2018年版，第104页。

〔6〕 马克思：《1844年经济学哲学手稿》，人民出版社2018年版，第114页。

承了他对人的对象性本质的判断。马克思指出，如果有一种存在物，哪怕是自然界，如果它本身既不是对象又没有对象，那么这个存在物就是唯一的，在它之外没有任何存在物存在，它孤零零地独自存在着。〔1〕“唯一的”“孤零零地”“没有对象”或“没有任何东西存在”并不是指客观上在此存在物之外无物，而是指没有对象性的存在物就没有主体性，也就是说，该存在物与世界的关系从内在来看就是一种浑然一体、混沌不分的状态。在这种状态中没有主客之分，没有意识，也就没有任何概念的诞生，因此就“等于”没有任何东西存在。一般动物与世界之间的关系就是这样一种状态。虽然动物的活动是有对象的，但动物没有对象性。动物本身并不能对自身与对象进行概念化的明确区分，它们生命活动的“对象”概念实际上是人在观察它们活动时“赋予”的，因此，它们是非对象性的存在物。人则与此不同，人作为对象性的、感性的存在物，既能为动物“赋予”对象，也能为自身“赋予”对象，甚至能为自然、为万物“赋予”对象，建立各种各样的主客体联系。对象的存在确证了自然面前人的主体功能的发挥，也使人超越了自然界，不仅是自然存在物，还是人的自然存在物，就是说，是自为地存在着的存在物，因而是类存在物。〔2〕由此，在对象

〔1〕 参见马克思：《1844年经济学哲学手稿》，人民出版社2018年版，第104页。

〔2〕 参见马克思：《1844年经济学哲学手稿》，人民出版社2018年版，第104页。

与主体的关系中，对象为主体而存在、世界为我而存在，对人来说，自然万物就构成了属于人的对象世界。

“对象性”与“主体性”是一对相对的概念，作为主体的人，其本质依赖对象得以实现，这就是人的主体性与人的本质的对象性之间存在着的辩证矛盾。人作为现实性的存在，无论在意识中还是实践活动中都居于主体的地位，具有能动性、主动性。然而，从本质来看，人却是依赖于对象而存在的，这使人又成为受动的存在，也意味着作为“类存在物”的人本身包含了主体性与对象性、能动与受动、无限与有限的内在矛盾。与费尔巴哈不同，马克思强调作为人的对象的“类”不仅是自身的类也是其他事物的类，不仅是意识中的类也是客观存在的类，是可以现实化、具体化的普遍性。这就很好地解释了费尔巴哈所谓人的本质之无限性的来源。因为万物的“类”是客观上是趋于无限的，对象性的人的本质也才能趋于无限。当人作为对象性的存在物，一方面他是受动的，受到来自对象现实性、有限性的制约。但另一方面，在对象面前人能够以自身的主体性去把握无限的对象的“类”——这种潜在的普遍性、规律性。于是，现实性和普遍性之间的矛盾就使人成了“一个有激情的存在物”〔1〕“对象性的本质在我身上的统治，我的本质活动的感性爆发，是激情，从而激情在这里就成了我的本质活动”。〔2〕激情源自人的本质，这

〔1〕《马克思恩格斯全集》（第42卷），人民出版社1979年版，第169页。

〔2〕马克思：《1844年经济学哲学手稿》，人民出版社2018年版，第87页。

种激情是人对对象的无尽的、强烈的需求，这种需求是人的本质需求，也形成人强烈追求对象的本质力量。

人们为了满足自身生存和发展的需要而产生的对特定对象的需求就形成了他们追求某种利益的欲望。古往今来，许多道德主义者主张对欲望的摒弃，如古希腊狄奥根尼式犬儒主义，斯多亚和伊壁鸠鲁式禁欲主义，中国古典哲学中也有老庄的无欲论、孔孟的节欲论，以及后来宋儒“存天理、灭人欲”思想。殊不知，人欲也是天理的一部分，是属于人的“理”。如果说某些欲望是罪恶的，皆因主体对其需求对象的片面认识，例如，人对对象的需要应该是全面的、多样化的，而非单一的、重复的。当有些人沉迷于对单一对象的反复追求，如购物狂、囤积癖甚至毒瘾、性瘾等，人在这种非本质欲望所驱使下的活动无异于马克思笔下的异化劳动，都会让人沉迷在虚假需要被满足的幻境里，却妨碍了对本质需要的满足，使主体走向极端的单一性、片面性，造成人与人的类本质的全面异化。因此，“欲望”应作为一个中性的概念，欲望与人同生，源自人的本质，且永远无法消除。人本质上对对象的无限需要决定了欲望的无限性。即使在满足已有欲望后，人也一刻不会停下来，他们必然会产生更多的欲望，产生对新的对象的需求。常叹道，这就是人性，因为“人是自然界唯一达不到自己目的的存在物”。[1]这正是源自人的本质之无限性，一方面，人们常常

〔1〕《马克思恩格斯全集》（第40卷），人民出版社1982年版，第819页。

被诟病他人或自身的贪婪；但另一方面，正是这种欲望构成了人类不断改造世界、发展自身的根本动力。

对于个人来说，他们能够在对一系列特定对象的选择中体验和确证自身本质之无限性的特征，这种美好的体验被人们讴歌为“自由”。在社会中，人们制定各种法律、道德或规则、规范都是为了保障个人满足自身一定对象性需要的自由。例如，人类社会制定法律的目的从根本上来说就是为了建立一种每个社会成员都普遍接受的秩序，以调和不同主体之间在自由选择和占有一定对象时可能产生的主体性冲突，从而最大程度地满足“类”的代言人——作为主体的“社会”的需要。简而言之，就如英国法学家、哲学家边沁（Jeremy Bentham）所言，法律的一般和最终目的不过是整个社会利益最大化而已。但是“利益”二字可能显得过于功利化，如果为了整个社会的“本质需要”，则具有了正当性、正义性。

作为一个整体，社会有其特殊的本质需要。依据人的本质的对象性，社会作为人已经实现的整体性存在，是现实中“类”的化身，它有着倾向于实现其最大普遍性“类本质”的需要。社会的需求首先是普遍存在，然后是普遍发展，是在社会与自然，此社会与彼社会的联系和冲突中获得更普遍的存在和发展。因此，对于作为主体的社会来说，它的本质需要就是实现其系统内更大范围的普遍存在与发展，法律的基本职责和最终目的则是要保障和促进社会普遍存在与发展的实现。这样一来，法律就必须在社会系统内部对构成社会的个人之间的对象性关系进行调和。因此，法律总是追求个人利益与公共利益以某种方式达成协调统一，但更多时候则倾向于强调个人利益对公共利益的服从。否则，就容易导致个人利益至上对社会秩序的冲击，甚至导致社会内部国家机器的瓦解。美国法学家庞德（Roscoe Pound）把利益分为个人利益、公共利益和社会利益，这三种利益在哲学维度正显示出人在个体、个人和类的三种不同层次的对象性需求。其实，无论法律也好，伦理也罢，一种社会秩序的建立总是意图使不同层次的对象性需求获得更大普遍性的满足但又要彼此协调一致，统一于更普遍的层面。也就是说，一切社会秩序都是要调和人类内部不同主体之间对象性需求的矛盾，从而在更普遍的层面使每个人的本质需要得到满足。

其次，“对象性”不仅体现了主体与对象的相互关系，也意味着主体与对象之间有一个相互作用的过程，这个过程就是“对象化”或“对象性活动”。人在主观世界里与对象发生相互作用的关系，即人在主观世界的对象性活动就是人的意识；人在客观世界里与对象发生相互作用的关系，即人在客观世界的对象性活动就是人的实践。人的对象性本质使人在意识和实践活动中既把自身也把万物的普遍性当作对象，通过对象性活动人实现和弘扬了自己的主体性，并在改造后的对象中确证和占有自身新的对象性本质。在此过程中，人既区分了人与自然，也把自身和自然界统一起来,使自然界和人的关系成为一种“为我而存在”的关系，在此意义上，自然界从此成为人的“无机的身体”。马克思指出，“凡是有某种关系存在的地方，这种关系都是为我而存在的”〔1〕，对于人来说，对象以或现实或潜在的方式无限存在着，人与无限对象的“关系”也是客观的、普遍的。在《资本论》中，马克思实际上也将主体与对象的关系秘密隐藏在商品的范畴之中。作为商品，对人来说首先是一个外在的对象，是某种属性能够满足人的需要的“物”。商品的有用性是使用价值，这是“物”进入与人的关系之中才具有的价值，因此商品也是“为我而存在”的，只不过这种“为我而存在”的关系更多地表现为主体对对象物质形式的占有。以商品累积而成的私有财产为例，作为主体的“我”占有自己的财产时，主体以法律、语言或任何概念的方式对自身与对象的关系进行确认，在客体上留下了“为我”的印记从而排斥任何其他主体的占有。私有财产的拥有就是对主客体稳定关系的确认，当某个特定的财产是我的，哪怕我不使用它，它也是作为主体的我的一部分，也就不会是他人的一部分或纯粹自然的存在。当然，“为我而存在”的关键意义更在于关系中主客体的二重化之分。在这种关系中，人把作为主体的自身与作为对象的客体区分开来，使人的活动不再像动物那样，动物只能利用外部自然界单纯的存在，也只以单纯自身的存在来改变自然，而人把自身的对象性活动提升为一种有意识、有目的的、积极能动的类活动。因此，人们才能不断在对象性的认识活动和实践活动中，改变着自然界，同时也改变了自己，改变了在自然

〔1〕《马克思恩格斯选集》（第1卷），人民出版社2012年版，第161页。

中人的现实存在方式。

马克思在《手稿》中讨论异化劳动时指出，“异化劳动从人那里夺去了他的生产的对象，也就从人那里夺去了他的类生活，即他的现实的类的对象性，把人对动物所具有的优点变成了缺点，因为人的无机的身体即自然界被夺走了”。[1]一方面，工人在异化劳动中失去了他们本质所需的对象。工人与其劳动对象、劳动产品相分离，人与自身所需对象的关系变得不再直接，而是通过工资、金钱来进行间接的联系。工人们工作的目的不是为了劳动产品，实际上劳动产品也不属于他们。工人们整天面对的是强加于自身的对象，对于他们来说，真正属于人的对象丧失了，他们无法在劳动中实现和获得自己真正需要的对象。这样一来，劳动变成了异己的活动，类本质变成了异己的本质，人和人的类本质相异化，人也就日益丧失了自身区别于动物的“优点”。从事异化劳动中的工人在其活动中获得的对象是工资，并非自身真正所需要、所追求的对象。在生产的过程中，资本家也将工人视为工具，更为可悲的是，工人自己也在异化劳动的过程中把自身当成了工具，他们生产的目的是迫于生计，劳动是被动，作为主体的自己也长期处于一种机械的非主体地位。于是，“对象化表现为对象的丧失和被对象奴役，占有表现为异化、外化”。[2]

---

〔1〕 马克思：《1844年经济学哲学手稿》，人民出版社2018年版，第54页。

〔2〕 马克思：《1844年经济学哲学手稿》，人民出版社2018年版，第47页。

另一方面，工人在异化劳动中失去了对象的丰富性。工人的工作是重复和枯燥的，他们没有选择劳动对象的权利，赋予他们的对象是单一的，失去了对象普遍性和无限性的可能。在《资本论》中，马克思也展示了异化劳动对工人的摧残。随着资本主义生产方式的兴起、工场手工业的消亡，工人只能从事资本控制下的劳动。资本主义生产方式下劳动分工的精细化使工人无须参与生产的整个过程，只从事产品生产上的部分劳动，成为“局部工人”“终生从事同一种简单操作的工人，把自己的整个身体转化为这种操作的自动的片面的器官”〔1〕。在生产中，工人的劳动对象是单一、重复的“机器部件”，“机器”极度地损害了工人的神经系统，也压抑肌肉的多方面运动。工人被“夺取身体上和精神上的一切自由活动”〔2〕，成为“大机器”运作过程中的一个零件。这样的劳动实际上毫无人的劳动内容。对象的单一使工人无法在这样狭隘的、有限的劳动中实现和确证自己类本质的无限性，“局部工人”也就成为异化的、残缺的人，日益朝着“畸形化”的方向发展。

总而言之，在异化劳动中，工人既丧失了自身的本质对象又丧失了对象的丰富性，他们被置于一种同自身本质相疏远、相对立的对象性关系之中，生产出凌驾于自身之上异己的劳动产品。他们与劳动产品相异化、与劳动相异化，也与自身的类

〔1〕《马克思恩格斯选集》（第2卷），人民出版社2012年版，第212页。
〔2〕《马克思恩格斯选集》（第2卷），人民出版社2012年版，第227页。

本质相异化，最终造成人与人的异化。要扬弃这些异化，就必须首先把真正属于人的对象还给人，“只有当对象对人来说成为人的对象或者说成为对象性的人的时候，人才不致在自己的对象里面丧失了自身”〔1〕。人才真正发挥人的主体性和能动性，不是把自身和他人视为工具，而是视为真正的主体。

二、人所特有的对象是“类”

人所特有的对象是“类”，“类”是事物客观存在的普遍性，也表征了一事物区别他事物的特殊性。“类”既是人的类，也是包括人类在内的万物的类。一般来说，“类”是种类、类别的意思，《易经》有言，“方以类聚，物以群分”〔2〕。世界诞生之初，人与万物各得其性，以同类而共聚，与他物相分别，从而各归其类，彼此区分开来，人类也得以独立。人类诞生之初，只是万物各类之中的一个小类而已，正如马克思在其文本中指出的，“人直接地是自然存在物”〔3〕。不过，马克思又强调，“人不仅仅是自然存在物，而且是人的自然存在物，也就是说，是自为地存在着的存在物，因而是类存在物”〔4〕。人在自然存在的基础之上，形成了自身以“类”为对象的对象性本质，并以“类”为其独特的存在形式。人对自身“类”的

〔1〕 马克思：《1844年经济学哲学手稿》，人民出版社2018年版，第83页。

〔2〕（宋）朱熹撰，廖名春点校：《周易本义》，中华书局2009年版，第221页。

〔3〕 马克思：《1844年经济学哲学手稿》，人民出版社2018年版，第103页。

〔4〕 马克思：《1844年经济学哲学手稿》，人民出版社2018年版，第104页。

概念概括展示了整体意义上人作为主体的普遍性，也体现了人“为自己而存在”的目的性、能动性。因此，“类”的概念是人对客观事物、对自身普遍性的把握与概括。

在对“类”概念的运用上，马克思用黑格尔的辩证法改造了费尔巴哈“类”概念的抽象性。他通过对现实的人的活动即实践的关注，将“类”的抽象性和现实性统一起来。当马克思把人定义为“类存在物”时，他指的不是人的“类意识”而是人与世界之间客观的、普遍的联系，这种联系不仅是人自身的普遍性，也是万物的普遍性；不仅是抽象的普遍性，也是对具体普遍性的现实化追求。自然进化而来的人，其类本质以潜能的形式存在，潜能与现实之间存在的矛盾使人孜孜不倦地追求着自身以“类”的普遍性标准“规范化”后的对象，并且在此过程中实现和确证自身普遍本质的现实性。通过连接主观世界和客观世界的二重化活动，即对象主体化和主体对象化的认识活动和实践活动，人不断改造对象、占有对象，使对象成为人本质力量的一部分。人就在改造世界的同时也改造了自身，展开了人类历史发展的本质现实化过程。

“类”概念符合马克思后期对生产力和生产关系的论述。人对自然万物的对象化能力在历史领域中就展现为特定社会的生产力，生产关系则是社会中人与人之间在物质生产的对象性活动中结成的关系。这个关系源自人与自然的关系，又是社会关系的核心组成部分。因此，当马克思说人的对象是“类”，表明人能够以万物（包括人类自身）的普遍性为对象。也就是说，万物的现实性和万物的本质都成为人的对象。因此，人能够通过把握对象的现实而把握对象的本质，也能够通过把握万物的现实与本质来认识对象、认识规律、认识客观真理，从而自由地与万物发生对象性关系，也与他人、与自身发生对象性关系。如此一来，人就能够通过占有万物、占有他人和自身来扩张自身本质力量的范围，从而实现自身本质更全面、更普遍的现实化、具体化，追求自身的自由全面发展。在此过程中，当人以事物的抽象普遍性为对象时就否定了事物具体的现实性，这种否定是人的活动为对象注入的主体性、目的性因素。人再通过对象化的活动把具体和抽象结合起来，达到否定之否定，实现事物具体普遍性的目的，这就是意识或实践活动一个阶段的完成。这一过程中体现了人的意志和活动的自由，作为主体的人也感受到这种突破自身有限性的自由感。当然这个过程只是经哲学抽象后的理想化模型，人类现实活动的实际情况显然常常并非如此“理想”。

三、“类”与“类本质”

通过以上对马克思与黑格尔、费尔巴哈“类”概念的对比性研究，以及对这一概念背后深刻思想内涵的探求，目前本书可以初步得出一个阶段性的结论，在马克思人的本质思想中：

“类”是事物客观存在的普遍性。

“类存在”是以普遍性的方式存在。

“类活动”是以普遍性为对象的对象性活动。

“人的类本质”是人以普遍性为对象的对象性本质。

必须再次强调的是，“类”既是人的类，也是包括人类在内的万物的类。普遍性不只是人的意识所把握的普遍性概念，也不只是纯粹的、固有的抽象物，而是一种能够通过人的对象性活动将现实性与抽象性结合起来的“普遍性”，是抽象普遍性和具体普遍性的统一。对于人来说，以普遍性为对象的人的类本质与作为现实性而存在的人之间构成了一对永恒的矛盾，这对矛盾的不断发展运动就是人源源不断发展的内在驱动力。

作为类存在物，人始终处于对普遍性的追求和对现实性的扬弃过程之中。一方面，人以普遍性为对象的本质规定了人对自由和无限的追求，这是人永远具有形而上学之理想的根本原因。自由和无限是人在其有限的现实性中对自身对象极限丰富的理想，这样的理想从古至今构成哲学本体论的核心，也将是未来哲学永远不会消失的根据。因为哲学的目的与人的类本质实现自身的方向是一致的，哲学集中体现了人在意识领域，或者说，人的理性对自身和世界之间关系的对象化思考，表征着人对普遍性和无限性的追求。年轻时候的马克思曾引用伊壁鸠鲁的一段话，认为真正的自由就是为哲学服务。“一个人倾心降志以从事于哲学的人，他用不着等待，他立即就会得到解放，因为服务于哲学本身就是自由”〔1〕正是体现了这一点。当然，又如马克思所批判的那样，伊壁鸠鲁是轻视现实、轻视实证科

---

〔1〕　马克思：《博士论文：德谟克里特在自然哲学与伊壁鸠鲁的自然哲学的差别》，贺麟译，人民出版社 1961 年版，第 10 页。

学的。哲学的自由只是驰骋在主观领域之中，“自由是全部精神存在的类本质”。[1]而在客观的物质存在状态中，人类也要追求自由，只有在物质和精神世界中的双重解放，才是人的真正解放与类本质的实现！

另一方面，人同样迫切地需要一种确定性、稳定性，那是对已有对象的现实化把握，用以随时确证自身真实存在状态。稳定性的获得是人的本质的具体现实化，体现为一定社会历史阶段中人对世界概念化、对象性活动的结果。这些结果是人类特定生产力发展水平上物质财富与精神财富的总和，是物质基础和上层建筑发展成果的统一，它们可靠地构成了人类不断提升的本质力量的一部分，也构成了下一阶段人类历史发展前提和基础。如此看来，人对普遍性的追求和对现实性的扬弃就是马克思在历史唯物主义中对生产力、生产关系和上层建筑之间的另类描述。语言本质上是一种交流的工具，语言的终极目的就是极尽可能去言传那些本来“只可意会”的东西。特别是在不同的学术领域中，存在不同的语言工具。同一作者在不同语境中也可能进行专业语言的切换，这大多与讨论问题的特殊性有关，但其背后的思想未必是不一致、不连续的。正相反，不同的言说方式可能正是为了更好地从各个不同面向去接近主体在语言背后想使读者意会到的那些确定的意义。

在特定的历史时空中，人的类本质的现实化形态（如同其

〔1〕《马克思恩格斯全集》（第1卷），人民出版社1956年版，第67页。

概念的某种“定在”，是获得了某种程度现实性的本质，且称为现实的本质）又或者说，人的类本质对象化得到的具体现实性是有限的、确定的，正如特定社会生产力发展水平对人的发展所构成的制约性一样。这种有限性是人现实存在的有限性，对于现实的人之真实存在来说是必要的状态，它确证了人的本质在现实中的实现。但有限的确也是一种尚未实现的状态，因为人对普遍性的追求是永恒的、未完成的。自然界和社会中都还有无限潜在的对象没有进入到人的对象性活动之中，作为主体的人尚未满足其普遍的、完满的对象性需求。因此抽象与具体、理想与现实、有限与无限等辩证矛盾从一开始就被包含进人的本质与存在之中，构成了人内在的潜能结构。也正是因为人自身内部的这种矛盾性，人类才能与其他安于现状、停止进化的物种不同，能够不断在其对象性活动去改造世界、发展自身。人在对象化的、有意识的、自由的活动中不断使自身“类”的潜能得到实现，不断推动着人自身的普遍发展。

总而言之，马克思把人定义为类存在物，具有类本质，这是因为人以“类”为对象。“类存在”就是以普遍性的方式存在，“人的类本质”就是人以普遍性为对象的对象性本质。人将“类”作为对象，“类”既是人自身的“类”也是万物的“类”，是人和万物都客观存在的普遍性。人不仅在主观意识领域中把“类”视为意识或思维的对象，还在客观现实世界中将“类”作为劳动或实践的对象，这个对象在意识和实践活动中承载着作为主体的人的本质需要，表现为人类活动中特有的

“目标”“目的”价值取向。人的类本质从根本上为人设定了一个“使命”，这个使命不是宿命论，而是关于人自身存在、运动和发展的历史规律。在现实生活中，可能有的人相信命运，有的人不信。实际上，如果使命是固定不变的宿命，那这样的命运并不存在。马克思作为宗教神学的激烈批判者，他自然不会接受有关人的一切宿命论；但如果依据人的类本质为人设定的使命，“类”指示了关于人要在现实中对象化地实现自身的基本方向，那我们每个人一定有属于自身的独特人生历程。每个现实的人从诞生之日起就以不同的对象化方式占有着这个世界，同时不断地改造自身、成就自身的成长。个人怎样占有他们的对象，他们自己就是怎样。这不仅仅是生产、实践的问题，也包括了精神的生产和意识的活动问题，是一切对象性活动的总和。人的自然使命就是要不断在对象化改造客观世界、主观世界的过程中也对象化地改造自身、发展自身，不断在自身特殊的、具体的现实性存在中实现对对象、对自身更大普遍性的占有，从而获得更多的自由，为自然的人的躯壳填充属于自己的人生意义。

第四章

人的类本质与类特性

在不同的文章中，马克思也使用“自然存在物”“社会存在物”“有意识的存在物”等词语来描述不同语境中的人，从各个角度展示出人的自然规定性、社会性、意识性、实践性等多重本质特征。在过去的研究中，学者们也对马克思的人的本质思想作出了三重维度[1]、四重含义[2]、五重规定[3]等多样化的理解和归纳，这些不同的本质与人的类本质之间究竟是什么样的关系？“人的类本质”概念究竟能否作为一个历史唯物主义基础概念而存在，还是仅仅是一个被马克思后期成熟

〔1〕 如：马尔库什在《马克思主义与人类学》中从“劳动”“社会性”“意识”三重维度对人的本质的讨论。参见苑承丽：《马克思关于“人的本质”的三个维度——评乔治·马尔库什〈马克思主义与人类学〉》，载《学术交流》2018 年第 7 期。

〔2〕 参见张国安：《马克思关于人的本质的四重含义及其现实意义》，载《甘肃社会科学》2015 年第 6 期，第 27—31 页。

〔3〕 参见张奎良：《人的本质：马克思对哲学最高问题的回应》，载《北京大学学报》2015 年第 5 期，第 5—17 页。

理论所抛弃的陈词？这个问题是理解马克思人的本质思想的关键。如果没有厘清人的类本质与这些本质特征之间的关系，那就容易把这些人所具有的共同特性与人的本质或类本质混为一谈，或导致“人的类本质”概念在历史唯物主义中存在意义的消解。

一、人的类本质与社会

“社会”是历史唯物主义的中心概念，马克思人的本质、意识、实践等无不具有社会性，学者们对马克思“人的类本质”概念也做出过社会性的解读。然而，“社会”作为一个惯用性概念，其内涵如何又是一个最难回答的问题，正如英国社会学家吉登斯（A.Giddens）曾指出的那样，“社会”其实是一个含义很模糊的词语。在传统的社会学理论研究中，“社会”既是分析单位又是研究对象，是由有一定联系、相互依存的人们组成的、超越个人的有机的整体。在马克思的思想中，社会则是一个历史性的范畴，它不是一种恒久不变的存在，而是人类历史的产物；不是从概念中推演出来的一个抽象范畴，而是“从现实历史发展中概括出来的具体历史范畴”。〔1〕

首先，“社会”是与“自然”相对应的“社会”。以对象性关系为划分标准，在人与自然的对象性关系中，“自然”是人的对象；在人与人的对象性关系中，“社会”是人的对象。

---

〔1〕 孙伯鍨、张一兵：《走进马克思》，江苏人民出版社2012年版，第341页。

所谓“自然”，就是那个无论是以潜在的方式还是现实的方式，都能够作为人的对象而存在的自然界和各种自然物。但当人开始以同类作为自己的对象，就形成了与非人对象不一样的“社会”概念，指代了个人及其附属物以一定关系连接起来的集合体。然而，从广义上来说，能够作为对象的人类自身也是自然界的一部分，这就决定了社会在某种意义上具有人和自然的双重面貌，社会中的个人也具有双重本质：类本质和社会性本质。自然人仅仅是物性的存在，但人的类本质却规定了人的对象性、主动性，人在对自身和外物各自普遍性和特殊性的把握和区分中，把自己从自然界中提升了出来，从而人性超越了物性，人类社会超越于自然。人的确具有物性，但如果在人与人的关系中仅仅把他人视为“物”来予以对待，那就是原始的、自然性的关系，是社会性的未获得或已沦丧，即伦理学所批判的人性、德性的丧失。只有将他人视为人，视为与自身一样具有主体地位的同类来予以对待，人与人之间的关系才获得了社会属性，构成了社会关系。因为在社会中，任何人都不是纯粹被动的存在，而是作为主体而存在，社会就是由人与人的对象性关系所建构而成的、具有一定程度普遍性的人类共同体。在作为共同体的社会中，人与人之间普遍联系着，也普遍充满了各种主体性矛盾的冲突、依赖与转化。可以说，社会本身就是一个人与人之间主客观相互转化和发展的领域。不仅一个人对象化劳动的成果可以成为别人对象化劳动的目标，一个人的主观意识可以成为别人的客观对象，社会中以客观形式出现的事物也要经语言的解译、知识的获得等路径进入个人的主体性之中，从而影响实践中的抉择和效果。继而通过实践的后果，主观性又再次向客观性转化，循环周转，永无止境。可见，社会以其独特的实践场域和主客观交融环境，构成了一个与自然截然不同的、属人的对象世界。

当然，社会始终是建立在自然基础之上的。一切社会关系中最基本的关系就是人们在共同面对自然、与自然进行物质交换关系时所结成的生产关系。马克思在《雇佣劳动与资本》中曾论述到：“各个人借以进行生产的社会关系，即社会生产关系，是随着物质生产资料、生产力的变化和发展而变化和改变的。生产关系总合起来就构成所谓社会关系，构成所谓社会，并且是构成一个处于一定历史发展阶段上的社会，具有独特特征的社会。古典古代社会、封建社会和资产阶级社会都是这样的生产关系的总和，而其中每一个生产关系的总和同时又标志着人类历史发展中的一个特殊阶段”。〔1〕可见，马克思的“社会”概念是历史性的，可以被概括为个人随物质生产变化而变化的生产关系的总和。

其次，“社会”是与“个人”相联系的“社会”。根据第一章对“人”的概念的解构，“个人”是属于社会层次的存在，是构建社会的元素，“社会”则是由“个人”及其附属物以一定关系连接起来的系统。社会必然是由个人所构成的，没有

〔1〕《马克思恩格斯文集》（第1卷），人民出版社2009年版，第724页。

人和人之间彼此对象性的关系，社会是难以在自然界基础之上形成的。因此，个人自然成为马克思考察社会的重要出发点。在《德意志意识形态》中，马克思、恩格斯明确指出他们所说的个人“不是他们自己或别人想象中的那种个人，而是现实的个人”〔1〕，是“从事活动的，进行物质生产的，因而是在一定的物质的、不受他们任意支配的界限、前提和条件下活动着的”。〔2〕这样的个人的存在以现实的社会为背景。此时，马克思和恩格斯已经开始从个人所从事的生产、实践活动来对社会进行本质的考察。后来在《资本论》中，马克思进一步通过对劳动的“显微解剖”详细分析和确证了实践对社会的建构性意义，确证了社会的关系本质、实践基础和历史内涵。在这一思想发展的过程中，马克思把抽象的人类现实化为感性活动中的个人，个人成了实践的主体，社会也就不再是过去思辨哲学中想象虚构和精神铸就的存在，也不仅仅是个人在生产关系中的存在，而是由处于现实关系中的个人共同构建的实践关系的总和。人生于自然，长于实践之中，并在实践中实现和确证人之为人的类本质。可以说，社会就是在人的类本质潜能现实化的实践活动中建构成型的。

1. 人的类本质和社会性

一直以来，学界都存在着将马克思人的类本质或人的本质

〔1〕《马克思恩格斯选集》（第1卷），人民出版社2012年版，第151页。

〔2〕《马克思恩格斯选集》（第1卷），人民出版社2012年版，第151页。

做社会性的解读。有的学者认为，作为当时仍处于德国古典哲学语境中的马克思来说，他的“人的类本质”概念与费尔巴哈的类概念是一脉相承的，指代的就是人的社会性或群体性，类生活就是社会生活，类存在物就是社会存在物。〔1〕另外有些学者则受到《提纲》的影响，他们对马克思的思想持某种程度的断裂论，认为马克思《手稿》中的“社会”还不完全是一种科学的概念，而是特指人和人之间真正的关系，即实现了或重新占有了自身类本质的人与人之间的关系，这种与类本质相连接的社会是理想意义上的，浸染了浓重的思辨色彩。而在《提纲》中，马克思开始从具体的、实践的角度来看待人的本质，他把费尔巴哈的类本质概念进行了改造，将之定义为“社会关系的总和”，赋予了人的本质以新的内容和更深刻的意义，也把对人的本质的探讨从人的类本质推进到社会关系的现实。因此，要理解马克思“人的类本质”概念就应该进入社会历史领域，以人的社会性为基础来进行现实化的阐释。

的确，一方面，所谓人的类本质，“类”即意味着人是一个密切联系的整体。在这个整体的内部，每个人的生活方式本质上都依赖于与他人的互动和交流，每个人都不能脱离社会或群体而存在。另一方面，人也是历史性的存在物。“历史不外是各个世代的依次交替。每一代都利用以前各代遗留下来的材

〔1〕 参见岳勇：《人的本质的发现：从个体和类到个人和社会》，载《内蒙古社会科学》1997 年第 3 期；刘艳：《〈1844 年经济学哲学手稿〉中的“类本质”概念》，载《太原师范学院学报》2018 年第 4 期。

料、资金和生产力”。[1]每个人的存在在一定程度上都占有了由前辈还有同时代其他人对象性活动的成果，包括资金、资料、生产力，还有文化或观念等，时时刻刻将他人的对象性活动成果纳入自身的生活和活动范围。因此，作为一个具体的人，他是社会的产物，具有社会性。这样的理解在历史唯物主义的语境无疑是正确的。但正如本书前面一直致力于区分的那样，人的类存在与社会存在分别基于不同的对象性关系，简单将人的类本质等同于人的社会性无法很好地体现出两种概念的内在差别，也难以很好展示出历史唯物主义语境中马克思“人的类本质”概念对前人相关思想和理论的超越性与创造性。

第一，人的本质是人的社会性，这样的理解没有超越过去哲学家的认识。早在古希腊，亚里士多德就指出人天生是政治动物。美国马克思主义者诺曼·莱文（Norman Levine）在研究亚里士多德对马克思的影响时就指出，“政治动物”本身就应该被翻译为社会动物。因为亚里士多德认为人的社会本能是与生俱来的，或者说人类最基本的本能是对社交的需要，人天生就必须生活在一个群体之中。[2]的确，亚里士多德“政治动物”的命题就是对人的社会性的一种朴素确证，从历史语义学的角度看，当时所谓的“政治”概念与今日所说的“政治”一词并不完全相同，其意指城邦，亦即当时人类社会的基本形

---

〔1〕《马克思恩格斯选集》（第1卷），人民出版社2012年版，第168页。

〔2〕 Norman Levine, *Marx's Resurrection of Aristotle*, AZ, USA: Palgrave Macmillan, 2021, p174.

式。在当时古希腊的城邦中，农业劳动主要由下层的自由人承担，除了农业之外的生产劳动几乎由奴隶包揽，手工业与服务行业则大部分由没有公民身份的外邦人从事。这些直接关乎人的肉体需要的劳动，在古代希腊社会中被贬抑为一种单纯的谋生和满足物质需要的活动，对人来说仅仅是政治生活和精神生活的手段，而不被看成是公民的活动，不具有政治意义。因此，政治才是社会和国家的象征，也展现了人类从自然奴役状态下的解放和自我意识的觉醒。人的发展和社会的发展是同步的，亚里士多德“政治动物”的提法就是要体现人的社会性，人的社会性就是导致人类必然走向政治社会的德性和友爱。

费尔巴哈对“类”概念的设定也符合这种对人的社会性的强调。在德语中，“类”（Gattung）的词源与丈夫（Gatte）和妻子（Gattin）相联系，因此费尔巴哈将“类”与男女之间的关系联系在一起，认为男女之间的“爱”是“人的类本质”的基本原型。在此基础上，他还将理智、意志和心填充为人的类本质的基本内容，构成了社会性的源泉。在《未来哲学原理》中，费尔巴哈多次谈及人的社会性，“孤立的、个别的人，不管是作为道德实体或作为思维实体，都未具备人的本质。人的本质只是包含在团体之中，包含在人与人的统一之中，但是这个统一只是建立在‘自我’和‘你’的区别的实在性上面的”〔1〕“真理和完善只是各个本质上相同的实体的结合和统

〔1〕《费尔巴哈哲学著作选集》（上卷），荣震华、李金山等译，商务印书馆1984年版，第185页。

一。哲学最高和最后的原则，因此就是人与人的统一。一切本质关系——各种不同的科学原则——都只是这个统一的各种不同的类型和方式”。[1]可见，费尔巴哈不仅把人的本质同社会联系起来，还把人与人的统一视为哲学的最高和最后的原则。在《手稿》中，马克思曾对费尔巴哈所确定的人的社会性予以了高度的肯定，认为他“创立了真正的唯物主义和实在的科学”，使“人与人之间的社会关系成了理论的基本原则”。[2]然而，在随后的《提纲》和《德意志意识形态》中，马克思却开始猛烈批判费尔巴哈关于人与人之间关系的看法，认为费尔巴哈“无非就是要证明：人们是互相需要的，而且过去一直是互相需要的”。[3]但这只是达到了“理论家一般所能达到的地步”。[4]可见，马克思在深入考察了费尔巴哈的思想之后，发现了费尔巴哈类概念在阐释人的社会性问题上的根本局限。

虽然费尔巴哈的“类”概念肯定了人与人之间相互联系的社会性，但这仅仅只是一条抽象的基本原则，无法深入到社会现实之中，也看不到“现实的人”。当费尔巴哈要具体谈论人与人的统一和社会关系时，他也仅仅局限于讲述男人和女人之间的统一和关系，即“爱”。他把这种男女之间的性爱关系视为作为感性实体的人与人之间最重要的社会关系，却忽视了包

〔1〕《费尔巴哈哲学著作选集》（上卷），荣震华、李金山等译，商务印书馆 1984 年版，第 186 页。

〔2〕 马克思：《1844 年经济学哲学手稿》，人民出版社 2018 年版，第 93 页。

〔3〕《马克思恩格斯选集》（第 1 卷），人民出版社 2012 年版，第 176 页。

〔4〕《马克思恩格斯选集》（第 1 卷），人民出版社 2012 年版，第 177 页。

括经济、政治关系在内的社会关系的总和。诚然，“爱”与类本质相关，马克思也重视“爱”，肯定男女之间的关系是最初和最自然的“类”的关系。但对于马克思来说，他的“类”概念不只是想表示无论男人、女人都普遍地依赖和需要他人，都是社会存在物这一事实。他还站在更高的哲学高度研究人类社会和社会关系的形成和发展过程。人类依赖于社会的事实在根本上正是因为人是类存在物——这是一种只有在自身普遍性存在中才能自我个别化的存在物。而男女关系的二分则是人类在其整体“类”的内部实现得最早、最基本的个别化，也是人获得其现实性社会本质的起点。

在《圣经》中，亚当和夏娃作为最初的人类生活在伊甸园之中，他们没有意识到自身客观存在的性别（这是一种既是普遍又特殊的人类特性）之分，因此也就没有羞耻之心和结合的欲望。然而，当他们在蛇的引诱下偷吃禁果之后，两人意识到了作为对象的彼此的差别，这种差别使男女相互区分，也使男女互相需要。男女各自的特殊性（这种特殊性正是二分后的、具体化了的普遍性）使“类”一分为二。从那以后，世界有了男女之分，也就开始有了善恶、真假之分，人也有了羞耻之心、有了欲望。虽然这只是一个宗教神话故事，但无论男女还是善恶、真假，一切对立性概念的诞生都源自人对普遍性的把握即分“类”。人的羞耻之心从根本上源于人对自身有限性的把握，欲望则是人对对象无限性的需求。从此，人开始成为一个具有内部矛盾性的存在。也从那时开始，人类获得了对象化的能力，开始能够把握自身，也能够把握对象的普遍性。对象化的能力就是人获得的某种“神性”，人开始变得与神相似，不再单纯受外在神意的控制。因此上帝将人的这种“进化”视为对他的背叛，他把亚当和夏娃赶出了伊甸园。人类从此开始了以劳作谋生，或者说以其对象性活动去保存、发展和改变自己的无尽旅程，人也就逐渐成为现实的、历史的人。从悲观意义上讲，人类似乎被上帝抛弃或流放了，从此无所依归，自生自灭，自我决定。但从乐观意义上讲，人类也因此获得了自由和无限发展的可能性。

自从男女二分之后，世界就有了所谓的“爱”。因为无论男人还是女人都可以通过占有（无论是精神上还是现实中）与自身性别相异的对象来实现自己“类”的完整性、普遍性。于是人们会说，有爱、有对象（伴侣）的人生才是完整的。因为在爱中，男女互相占有和被占有就是人实现自身与类本质统一的一种对象性活动。对于一般人来说，这也是他们能够获得“类”的完整性的最基本、最直接、最简单的方式。在一些文化中，男女的结合常常会被视为男性对女性的占有，由此反映出了现实中女性被普遍对象化的现象，也反映了长期以来女性主体地位缺失或者低下的一种现实。理想状态中的男女关系是相互的，不是单纯一方的给予或接受，而是我自由选择把你当作对象，也愿意成为你的对象；我作为主体与你发生紧密稳定的对象性关系，满足我的主体性需要，我也尊重你的主体地位而被你对象化，成为你本质力量的一部分。在“爱”的关系中，你我的主客体地位实际上是不分彼此的，换而言之，主客体的关系是互换的、和谐的，双方都能感受到占有对象的快乐，那就是在爱中确证到自身“类”的完满性。失恋对人来说则是痛苦的，因为相对于在爱中体验到的“类”的完满性来说，失去爱的对象而又有着爱的需要的主体无法独立存在，爱的关系中主客体已经缺失了一方，并且这是一种总是被主体感受到的缺失，那的确正如主客观的世界都“缺了一半”之伤。

当然，除了男女之间的爱情，人与人之间还有其他“爱”的关系，如友爱、亲情、慈悲等都可以划归为“爱”的概念之中。“爱”本身就是一种形而上学的概念。广泛地说，人可以爱自己、爱他人，甚至也可以爱上一个动物、一个物件，或者爱另外的抽象性概念，如国家、人民等，人可以爱万物。在理想的状态下人能够通过爱感受人之为人“类”的普遍性体验。在主客体关系中，人与对象不分你我、个人与集体同心，甚至庄子齐物论中“天地与我并生，而万物与我为一”的终极体验，都是爱的美妙感受。这种理想化状态在现实中并不是从来就不存在的，只不过，这种状态即使存在也往往是短暂的，需要人以其自身的精神力量予以演绎和发挥才能使其呈现出具有一定连续性的状态。还以男女之爱为例，当一个人出现了爱情的需要，这种需要往往是抽象的、潜在的，有时候甚至是主体并未察觉的。需要产生之后，主体的人力求使其获得现实化、具体化的满足。因此，主体的人会锁定某个具体的异性为对象。锁定这个对象一方面是因为其特殊性、个性；另一方面是因为，在这个对象的特殊性或个性上主体能够体验到自身对异性的普遍性理想。而且，人不满足于仅仅在主观世界中与对象发生关系，仅仅在精神领域发生的爱情是不完满的。在客观领域，爱需要现实化为男女双方的真实交流，表现为人所特有的性活动（而非动物性的交配）以及双方本质需求、本质力量和私有财产等的共享，诸如此类的内容都与人的类本质现实化活动中主客体关系的和谐性是内在一致的。

因此，当费尔巴哈把“人的类本质”仅仅视为以男女之间自然关系所代表的社会性时，他并没有把握到爱对“类”来说意味着什么。他对“爱”的理解是经验性的、流于表面的，他对人与人之间社会关系的理解也是片面的、狭隘的，“没有从人们现有的社会联系，从那些使人们成为现在这种样子的周围生活条件来观察人们”“他还从来没有看到现实存在着的、活动的人，而是停留于抽象的‘人’，并且仅仅限于在感情范围内承认‘现实的、单个的、肉体的人’，也就是说，除了爱与友情，而且是观念化了的爱与友情以外，他不知道‘人与人之间，还有什么其他的‘人的关系’。”〔1〕可见，费尔巴哈的人是抽象的，人的木质的社会性也沦为了一种新的虚幻。正是基于此，马克思对费尔巴哈所理解的人的社会性提出了犀利而深刻的批判，他创造性地引入了现实的人的对象性活动——实践,并在此基础上揭示出人的类本质与社会性的内在统一机制。

〔1〕《马克思恩格斯选集》（第1卷），人民出版社2012年版，第157页。

第二，马克思基于过去哲学家对人的社会性的判定，进一步追溯了人的社会性产生的前提和根源。当马克思把人定义为类存在物时，那是因为人在处理自身与外界关系的活动中既把具有普遍性与现实性的自然客体作为对象，也把与自身具有同样属性的他人作为对象。在以他人为对象的对象性活动中，人既认识和改变了他人也认识和改变了自身。在社会中，这种对象化活动无时不在发生，其发生的前提则是人既把他人当做一个具有普遍性的对象，也把自身归类为这一对象的成员，从而自己与他人是在人格平等的基础上发生关系的。在这种认识他人、处理与他人对象性关系的活动中，人就将自身与他人区分开来，形成了“我”的概念，与此同时，“你”“他”的概念同时产生了，也就有了费尔巴哈式“我”和“你”的、人与人之间的社会关系的统一，这就构成了社会诞生的概念性基础。但是，这一过程必须以更高级的“类”为背景，使主体的“我”能够不断将具有相同普遍性的他人设定为自身的对象，并处理好与此对象自然的或能动的关系。所谓的社会性，实际上指代了人和人之间发生对象性关系的必然性，而非与人的类存在之外的、任何其他事物之间关系的必然性。因此，在一定意义上可以说，人的社会性的产生以人的类存在为前提。

同样的逻辑也能够解释个体在社会内部的诞生。当人在对象性活动中将作为主体的自身和作为对象的自身区分开来，就产生了两个“我”之分：一个是主观我（I），一个是客观我（me），这种区分是个体自我意识产生的基础。在黑格尔那里，自我意识几乎等同于人的本质。然而依据马克思的理论，自我意识则是与意识相对的概念。意识的对象通常是外于人的事物，而自我意识中则以人自身为对象。实际上，人通过自我意识在某种意义上进入了一种外于自身（外于作为主体的我）的自然领域，人对他身体所作出的对象性反应被划归为环境刺激的一部分。当然，这一过程也必须以更高层次的社会作为背景，才能使个体不断把主观我（I）整个设定为构成自然的客观我（me）的对立面。于是，客观我就成为与他人、他物一样的“对象”。主观我对客观我不断进行能动的把握、加工和创造，由此就产生各种各样的“我”：自我、本我、超我，现实的我、理想的我、真实的我等，一系列相互交融、不可分割的“我”的概念，使“我”和“自我”的改变和发展都成为可能和现实。

通过社会性的连接，人的自我意识从根本上也以人的类存在为前提。从意识发生学的角度来看，自我意识与以“类”为对象的严格意识是紧密相关的。人在认识到除了与自身发生关系的他人之外，还有一个作为整体的人类是最具有普遍性意义的共同体时，他在意识中便把握了“类”的概念。与此同时，对比这种具有最大普遍性的“类”，人才能够意识到作为社会个人的有限性，继而意识到作为个体的“我”不仅仅属于当前的社会，更是属于整个人类的成员，把个性的自身归于共同的“类”，也就把“我”和“类”都当做了意识和实践的对象。从历史逻辑上讲，人最初的对象是自然界，人最初的活动是处理人与自然关系的物质生产活动。人在生产活动中结成了生产关系，基于生产关系又发展出了各种社会关系的总和。社会关系的诞生和发展源自人类对象性活动，又成为个体自我意识觉醒的摇篮。在不断扩张的对象世界中，独立个体的存在必然依赖于社会性的个人，因为只有在群体或社会之中通过与他人的交往和联系，才能占有无论是历史继承而来还是同时期他人所创造的人类普遍对象化能力，那是类的力量的现实形态，是伟大的生产力！人只有“作为现实的类存在物即作为人的存在物的实现”〔1〕才能显示和借助这样的力量，使个人在更普遍的类的层面实现和确证自身作为人存在的意义。

不可忽视的是，对象化也是对立化。对象性关系的成立在主体和对象之间既建立了联系也体现了区别，这使人依其类本质而进行的对象性活动中隐含着一个主体隐退和对象复归的过程。虽然具有了社会性的个人可以获得具有更大普遍性的对象化能力，但由于主客体关系的矛盾性对抗，以及一定时期内人类整体对象化能力或者说社会生产力发展水平的历史局限性，社会性的获得也总是体现出一种对“类”的分割。不同社会有着不同的社会文化,也孕育了具有不同思维和行为模式的个人，不同社会中的个人在人生观、价值观和世界观上都可能存在着巨大的差异，整体的文化、气质也会具有不一样的风格，甚至同一社会中不同阶层之间的人的差别也是十分明显的。可见，在社会化的同时，“孤立化”（vereinzelung）也是人类社会

〔1〕 马克思：《1844年经济学哲学手稿》，人民出版社2018年版，第98页。

历史发展的伴生结果。这种孤立化表现为种群、部落、国家等对“类”本身的结构性分割以及它们彼此之间的对立与对抗，也表现为个体独立状态对家庭、群体等社会稳定关系结构的脱离倾向，以及由此造成的诸种主体性冲突。

正如当今世界各个国家和地区所展现的联系与对立状态那样，在生产力普遍化发展、经济全球化的潮流中，在共同的风险挑战面前，世界人民的命运是休戚与共的，各国的利益也紧密相连，人类已然成为紧密联系的“命运共同体”。19 世纪中后期，“国际社会”的概念开始诞生，其现实的形象也日渐具有“类”的雏形，指代了世界政治、经济的各行为主体在频繁相互作用的过程中所构成的一个整体。在此基础上，人们也开始致力于研究和制定一些立足整体人类本位的、各个国家都能够适用和必须遵守的国际法，用以统一规范和调和人与自然的对象性关系。这些努力在理论和实践中都取得了一定的成效。例如，第二次世界大战后，世界各国为了维护人类整体的和平秩序创建了联合国，制定了一套由公约、条约和标准组成的国际法，极大地促进了国际社会的和平与安全。但是，在国际社会中，一旦涉及各行动主体的主体性冲突，即涉及各个国家或地区的相关具体性利益问题，国际法就容易陷入履行不能的尴尬境地。西方奉行霸权主义和强权政治的资本主义大国，往往倚仗自身强大的经济军事力量，违背国际法的基本原则，不尊重他国主权独立，肆意破坏国际法意图维持的国际社会和平局势，或者一些中小国家对国际法采取不善意的履行，甚至公然对抗。这些现状都是国际社会中各行为主体之间主体性冲突的表现。因为各个国家和地区对“类”的分割是具体的、现实的，国际社会还是一个尚未获得真正现实性的理想概念。在国际社会中，各个国家和地区虽彼此紧密联系，在一些如气候治理、环境保护、恐怖主义等普遍威胁整体人类安全的问题上能够形成高度共识、达成治理合作。但更为真实和具体的问题是，各个国家和地区在主权或文化上都具有极其稳定的独立性、特殊性，它们之间的主体性利益冲突和文化排斥构成了国际社会不安定的主要根源。可见，国际社会中的各个主体依然是彼此相互区别、相互对立的，各主体划分了人类内部各个以一定普遍性为存在方式的行为单元，因而表现出对“类”的结构性分割以及各部分之间的对立与对抗。

在社会中，“孤立化”更具体地表现在每个个体的身上，是个体独立状态对家庭、群体等社会稳定关系的脱离倾向以及由此造成的主体性冲突。因为个人社会性的获得也是与孤立性相伴而生的，表现为独立个体对社会关系的疏离和冷漠，以及普遍个人意识的觉醒对统一的社会文化造成的多元化冲击。如今，随着人类社会走向了全球化，社会内部的结构更趋复杂和精细化。社会在范围扩张、界限模糊的同时，其内部个人也日益普遍地依赖于“物”，从而脱离了对“人”的依赖。人与人之间的联系从直接日益变得间接，个人也就日益趋向成为独立的、原子化的个体，展现出孤立性与社会性的相伴而生。这种现象的产生与资本主义的生产方式是分不开的，分工、竞争和交换的发展加剧了人与人之间的分离和孤立化。首先，机器的发明和运用促进了社会分工的细化，也使个人在社会中的职能被大大简化，职能化的人被切割为各种局部的人。在资本主义生产方式中，竞争和分工同等重要。马克思认为，“尽管竞争把各个人汇集在一起，它却使各个人，不仅使资产者，而且更使无产者彼此孤立起来”。〔1〕

除了分工和竞争，交换本身也是造成这种孤立化的一种主要手段，因为交换使人与人之间的交往成为不再那么必要的事。特别是在现代社会，资本和商品的交换往来达到了空前的水平，人对“物”的依赖性也达到了顶峰。以私有财产或者金钱为中介,现实中的人变成了大部分情况下都依靠自己生存的、独立的、孤立的人，似乎全面脱离了对他人的直接依赖，由此造成人与人之间关系的普遍异化。在此情况下，就不能简单直接的把人的类本质归结为社会关系的总和，正因为社会关系的总和是异化的，由此体现的社会性虽然是人的类本质的一种现实化形态，但并未真实体现人的类本质。特别是在资本主义社会，现实的人本身就是自我异化的存在，他们的社会关系也以异化的形式出现，不仅无法真实确证人的本质，更是对他们类本质和类生活的背离和讽刺。这种社会关系不是真正的人与人之间的联系，而是异化的联系。把异化的社会关系的总和所反映的人本质也是异化的。对资本主义社会异化本质的信仰就是

〔1〕《马克思恩格斯选集》（第1卷），人民出版社2012年版，第196页。

作为一个自私自利的个体对金钱、对私有财产的信仰，这样的人是个体本位的，忽视了人的社会性特征，因此只会导致人与人社会关系的疏离，也造成人实现自身类本质的障碍。这正是马克思所要批判的资本主义社会现实，是要扬弃的人的存在。可见，人的类本质的现实化实际也包含了反社会的、孤立化的一面，仅仅把人理解为社会性的存在就无法解释各种不同层次的主体，包括国家、群体和个体独立性的获得。因此，并不能直接把人的类本质仅仅等同于社会性。

第三，在具体的文本中，马克思《手稿》里的相关阐述也足以展示出人的类本质与社会性的差别。一方面，马克思认为“人是类存在物”；另一方面，他也指出“个人是社会存在物”[1]这两句陈述有着明显的差别但并非矛盾。“人”与“个人”本身就是两种不同层次的人的存在，自然也表现出不同的本质特征：当人是“个人”的时候，他是社会存在物；当人作为一个具有普遍意义的“人类”时，他是类存在物。马克思区分了个人的类生活和社会生活，他认为个人的生命表现（无论是否采用与他人一起完成的形式）是社会生活的表现和确证。但“人的个人生活和类生活不是各不相同的，尽管个人生活的存在方式——必然是——类生活的较为特殊的或者较为普遍的方式，而类生活是较为特殊的或者较为普遍的个体生活”。[2]换而

〔1〕 马克思：《1844年经济学哲学手稿》，人民出版社2018年版，第80页。

〔2〕 马克思：《1844年经济学哲学手稿》，人民出版社2018年版，第80—81页。

言之，类生活和个人生活从性质上来讲是不同的，但实际上却常常共同存在于一种普遍性和特殊性的统一之中。这是马克思将他从黑格尔那里继承而来的辩证分析方法应用在对人的本质问题的分析上而得出的创新性观点。很多时候，特别是在理想的状态下，人的“类本质”和“社会本质”在人的对象性活动中的表现是一致的，但两者却有质的区别。“类本质”侧重于从人与对象的关系之中去反映人的本质能力和需要，因为人只有在普遍的对象中才能实现和占有自身的普遍性。而“社会性”则更多地表明了人在本质上依赖于社会（一种类的现实化实体）的事实，强调了社会关系对人的存在和发展的必要性，或者人与人之间建立对象性关系的必然性，两者不能混为一谈，而应明确区分。

严格意义的“社会”诞生于“人”之后，社会关系也建立在生产关系的基础之上。这个观点可能会引来一些质疑，因此需要说明的是，这一逻辑顺序是根据人获得对象的先后性来判定的。“人直接地是自然存在物”〔1〕“第一个需要确认的事实就是这些个人的肉体组织以及由此产生的个人对其他自然的关系”。〔2〕从古至今，人首先必须处理的就是人与自然之间的关系，这是人的肉体组织即人的物质性所决定的。在此关系的基础之上，才会产生人与人之间的关系。社会、国家都是在人类物质资料生产的

〔1〕　马克思：《1844年经济学哲学手稿》，人民出版社2018年版，第103页。
〔2〕《马克思恩格斯选集》（第1卷），人民出版社2012年版，第146页。

基础上建立起来的。因此，人与自然的对象性关系是第一位的，这是马克思强调人类整体优先性的客观基础。

在人类社会诞生以后，人与人之间在生产关系基础上构建起来的社会关系日趋复杂化，需要人投入更多时间和精力对社会关系进行有意识的对象化处理。人开始意识到了“集体”或“社会”的存在和重要性，也开始意识到作为对象的“我”是属于另一个比自身更具有普遍性的对象,即集体或社会的成员。于是，主体的人开始有意识地协调作为个体的自身与作为个人的社会存在之间的关系，道德和法律就是在这种协调活动中产生的，它们都以人的某种对象性活动所能够实现的最大的普遍性为标准和目的。如今，人类社会已经是一个十分庞大而复杂的系统，社会关系的处理几乎占据了人的生活的主要部分，但并非全部。在社会中，人的特有的对象是人（自身与他人），而人作为自然存在物本身也属于自然界，人与人的关系隶属于人与自然的关系。当我们说人是一种只能在社会中才能个别化的存在物，这与人是一种只有在普遍存在中才能获得类化，或者说，只能在对象中才能获得主体性的说法是一致的。社会关系是人与自然关系的延伸，人的社会性也是人的类本质在现实中的具体展现，是获得了一定现实性的类本质，是“现实的本质”。〔1〕类本质和社会本质由于主体存在的普遍性程度不同，强调关系的内容不同，彼此是相互区别的。但是，从根本上来

〔1〕《马克思恩格斯选集》（第1卷），人民出版社2012年版，第135页。

说，人的社会性是人在社会层次中作为“个人”存在时所获得的更具体的、具有一定程度现实性的本质，这种本质源自类本质，也自然地呈现出“类”的特征。

因此，作为一种具有一定现实性的本质，社会性是人的类本质在现实的人身上展现出来的一种类特性。在理解马克思关于人的类本质异化和人类解放思想时，不能简单将人的类本质等同于人的社会性，但也必须将两者联系起来，避免相互割裂。社会既是人存在的环境，又可以作为人的对象，这正如自然一样。虽然人的类本质不等同于人的社会性，但人在社会中的存在状态与人的类本质的实现状态是叠加的。只是社会对人来说不像自然一样是一种完全先在或外在的给定物，而是从诞生之日起就与人不可分割的世界。

2. 人的类本质与社会关系

“费尔巴哈把宗教的本质归结于人的本质。但是，人的本质不是单个人所固有的抽象物，在其现实性上，它是一切社会关系的总和。

费尔巴哈没有对这种现实的本质进行批判，因此他不得不：

（1）撇开历史的进程，把宗教感情固定为独立的东西，并假定有一种抽象的——孤立的——人的个体。

（2）因此，本质只能被理解为‘类’，理解为一种内在的、无声的、把许多人自然地联系起来的普遍性。”〔1〕

〔1〕《马克思恩格斯选集》（第1卷），人民出版社2012年版，第135页。

在著名的《提纲》第六条中，马克思陈述了他对“人的本质”与社会关系的思考。“人的本质是一切社会关系的总和”，这句话一直被奉为名言，很多学者据此解读，认为马克思以“社会关系的总和”对人的本质作出了肯定性的定义，因此人的本质就是社会关系的总和。然而，这种论断忽略了“现实性”的前提，对马克思论及社会关系的本意也没有进行探究。实际上，社会关系的本质与类本质既相互区别又有着深刻的联系性，如果没有很好地厘清这两种本质的关系，就可能把人的本质归结为社会本质因而否定了人的类本质，即造成对《手稿》中“人的类本质”概念的抛弃论，为马克思整体思想的融贯性埋下了隐患。

通常，人们在谈论人的本质时并不会将之详细区分为“类本质”“社会本质”或其他什么本质的不同概念，而只是采用“人的本质”或“人性”这样的泛称概念，马克思在其文本中也是如此。然而，这种泛称常常影响人们注意到某一概念背后蕴含思想的侧重点和全面性。在《提纲》第六条中，马克思使用的“人的本质”概念与“类本质”是相区别的。这种“本质”是“现实的本质”，是马克思批判费尔巴哈时用来解释社会中个人的现实存在状态而使用的，指代的就是人的社会性。

如前所述，人的社会性当然意味着人与人社会关系的统一性。一方面，社会本身就是一个有着复杂结构和内涵的有机系统，而不是个人在数量上的简单集合。人与人构成的社会关系也是多层次的，包含了以生产关系为基础的各种关系，如伦理关系、法律关系、契约关系等，这些各种各样的关系在历史中都具有较大的流变性。如果把这些动荡的社会关系整合起来就作为对“人的本质”的阐释，那确实将导致马克思“人的本质”概念或普遍人性的消解，从而支持了那些认为马克思“反人道主义”“反本质主义”的观点。据此理解，人所占有的社会关系是什么样的，人的本质就是什么样的；那么，每个人所处的社会关系都如此不同，他们本质必然也多种多样、彼此相异。如此一来，“本质”的概念就将因其多元化的现实而面临被取消了。人失去了稳定的本质，人的存在和发展也就失去了普遍性的标准，从而沦为了社会历史长河中随波逐流的苇草，仿佛通向了绝对的自由却又是实在的虚无，任何发展的方向都变得合理了起来，也变得更轻易就迷失了方向、消散了意义。

另一方面，这种由社会关系构成的现实性本质在历史中是异化的，具有阶级性。因为社会中每个个人自出生起拥有的社会关系就已经有所不同，如果“人的本质”等于“社会关系的总和”，那么人从各自出生时刻就注定了彼此之间的本质差异，这就为人天生之不平等提供了依据，使人们无法为自然法中人人生而平等的原则提供本体意义上的支撑。在社会中，每个个体占有的资源和社会关系的状况是不平衡的，他们建立在异化劳动基础上的社会关系也是异化的，因此“社会关系的总和”总是保证了既得利益者的优势地位，构成了社会内部阶级之分的重要根源。如果马克思在此将“人的本质”等同于“社会关系的总和”，那这里所谓的人的本质只是市民社会、阶级社会中人的类本质的现实化形态，也是一种异化的状态，呈现出的是差别化、阶级性。这样的人的本质并不能为马克思要实现的人类解放理想提供正确的标准和方向，而只是一种被批判和讽刺的对象。因此，不能简单地说，马克思的“人的本质”或“人的类本质”就是“人的社会关系的总和”。

其实，由于语言的模糊性，要真实理解《提纲》的内容，仅仅诉诸文本词义分析是不够的，要把握马克思所要表达的真实意思还应该考察他撰写该篇提纲的目的和动机。1843 年到 1845 年的这几年，是马克思密集讨论有关“人的本质”问题的一个时期。在更早的时候，马克思曾是青年黑格尔学派的一员，深受黑格尔、鲍威尔唯心主义哲学的影响。《莱茵报》时期，对现实物质利益的发现使他的思想开始由唯心主义转向唯物主义，由自由主义转向共产主义。马克思主义学界一般认为，《手稿》的成文是马克思完成这种转变的标志。而促成这一转变的原因除了马克思对物质基础和现实的人的发现，他对费尔巴哈哲学的批判也是催生伟大思想的关键。《手稿》成文于《提纲》之前，在《手稿》中马克思改造了费尔巴哈的“类”概念用以阐释异化劳动理论，《提纲》则主要是马克思在思考与费尔巴哈有关问题时草草记下的简要笔记与评述。在这个阶段，马克思阅读了一些费尔巴哈的著作，在有关人的本质的问题上，他肯定费尔巴哈对宗教的批判，认为他为批判唯心主义作出了诚恳的努力。在宗教中，人们试图通过虚构“类本质”的现实存在——神，来遮蔽真正现实生活中的悲惨境遇，以获得心灵与精神的慰藉，正如马克思那句著名的比喻一样，“宗教是人民的鸦片”。[1]费尔巴哈则撕开了宗教的虚幻外衣，试图把人的本质归还给人自身。然而，马克思却遗憾于费尔巴哈批判的不彻底性和对现实的人、对感性活动、对实践的忽略，于是指责费尔巴哈并没有触及批判的主要任务。在整个《提纲》中，马克思对费尔巴哈的批判，主要集中在抽象与现实相割裂的问题上，这也是人的类本质与具体社会现实性的割裂。因为费尔巴哈不知道真正属于人的对象性活动——实践，他也不知道人的类本质不仅是理论问题也是实践问题，因此他找不到将这种割裂性关系连接起来的中介，只好假定出一种非现实的、抽象的类本质。

在《提纲》中，马克思批判费尔巴哈的目的就是为了去改造费尔巴哈的这种抽象本质论。首先，马克思批判费尔巴哈的武器是“实践”，实践的主体是现实的人。马克思从现实的人出发，以实践为中介把抽象的人的类本质和作为类本质现实化的社会性联系在了一起。在文本中，马克思写道，“费尔巴哈把宗教的本质归结于人的本质”[2]这句话不是费尔巴哈的观点，而是费尔巴哈对黑格尔观点的理解。也就是说，“把宗教的本质归结于人的本质”这是黑格尔的观点，也是费尔巴哈要批判的理论对象。当费尔巴哈批判黑格尔的时候，他针对的是宗教。他批判黑格尔的目的在于把人的本质从宗教那里夺回来

[1]　《马克思恩格斯选集》（第1卷），人民出版社2012年版，第2页。

[2]　《马克思恩格斯选集》（第1卷），人民出版社2012年版，第135页。

还给人，但是他还给人的仍然不是一种具有现实性的东西，而是费尔巴哈“人的类本质”概念所指代的“理性、意志、心”这类意识性的抽象物。

“但是，人的本质不是单个人所固有的抽象物，在其现实性上，它是一切社会关系的总和”。[1]这句话作为关键，并不是马克思对人的本质做出的一个定义。如果作为一种定义，“人的本质”对人而言是内在的主体性范畴，而“社会关系”则外于人而存在，是关系性范畴，两者并不是同质的。并且，“在其现实性上”是一个不可忽视的前置条件，这意味着马克思所谈论的“人的本质”是获得了一定程度现实性之后的状态。因此，这句话其实不是马克思对“人的本质”所作出的论断，而是他对费尔巴哈观点所做出的评述和批判。关于这句话中的否定判断，诺曼·杰拉斯的分析就非常值得参考。根据逻辑推理的规则，A 不是 B 而是 C。这里的“不是”并不一定表达了绝对的否定。如果 B 和 C 相互联系，两者是包含关系，即 C 比 B 内涵更为丰富，那么这种否定判断的意图就在于强调 A 既是 B 又是 C，C 的存在是为 B 所做的补充性描述，“不是”表达的是“不仅仅只是”的意思。[2]在这句话中，马克思极有可能是以改造费尔巴哈抽象本质论为目的，要在“人的本质”这种“抽象物”中加入他认为最关键的、现实的、实践

〔1〕《马克思恩格斯选集》（第 1 卷），人民出版社 2012 年版，第 135 页。

〔2〕See Norman Geras.Marx&Human Nature: *Refutation of a Legend*, London: Verso, 1983.PP.32—33.

的内容。因此，这句话的意思应该是：人的本质不仅仅是抽象的、普遍的，也是现实的。在现实性上，人（个人）的本质（通过实践）是（人的类本质现实化而形成的）一切社会关系的总和。

马克思认为，费尔巴哈批判黑格尔的成果在于推翻了被视为人的普遍本质的宗教，但可惜的是，费尔巴哈却将人的概念完全抽象化，以至于与现实性割裂开来，因此，他不得不："撇开历史的进程，把宗教感情固定为独立的东西，并假定有一种抽象的——孤立的——人的个体"。〔1〕费尔巴哈的这种割裂在于忽视了概念本身的辩证性。在整体的人类那里，类本质是普遍而抽象的，然而在个人那里，人的类本质是以现实化后具体的、现实性的形态而存在的，表现为"一切社会关系的总和"。费尔巴哈无法将人在这两个层次中所呈现的本质以某种合理的方式统一起来，他的唯物主义立场就无法坚持到底，无法深入到具体的历史的领域，无法解释"'宗教感情'本身是社会的产物"〔2〕。于是，费尔巴哈只好假定有一种"抽象又孤立的人的个体"，但是他不知道"他所分析的抽象的个人，是属于一定的社会（类）形式的"。〔3〕这最后导致了"本质只能被理解为'类'"，这里的"类"是费尔巴哈所理解的"类"，即一种"内在的、无声的、把许多个人自然的联系起来的普遍

〔1〕《马克思恩格斯选集》（第1卷），人民出版社2012年版，第135页。
〔2〕《马克思恩格斯选集》（第1卷），人民出版社2012年版，第135页。
〔3〕《马克思恩格斯选集》（第1卷），人民出版社2012年版，第135页。

性”。[1]这个普遍性之所以是内在的、无声的，是因为它仅仅存在于人的内在生活，即意识之中；这种联系之所以是自然的，是因为其还不是社会的，人的类本质没有与人的实践联系起来，也就无法解释人类社会历史进程的展开。

近代自然法认为，从本质上来说，个人先于国家而存在。人最初并不生活于社会之中，而是生活在先于国家而存在的自然状态（state of nature，condition of nature）之中。马克思的观点则并非如此，他更倾向于整体人类的优先性，人类存在之后才有内部个人身份的获得和个体意识的觉醒，最后个体、个人还要再次复归于“类”的统一。虽然这是对人和社会诞生先后顺序的两种不同观点，但却共同肯定了一个基本的事实，那就是——人与社会并非同时诞生的。基于这一结论，如果将社会性或社会关系视为人的本质，那么人类历史在逻辑上可能出现一段时间“本质的空白”，这在关于人的理论体系中将是无法解释的。

根据马克思的观点，社会依赖于人的生产、劳动而诞生，社会关系也依赖于生产关系而存在。在生产中，人们不仅以自然为对象，也以彼此为对象，他们只有通过某种方式的合作，凝聚起更强大的本质力量才能达成那些独立个体无法达成的生产目的。为了更稳定地进行生产，人们之间开始建立一种明确和持续的非血缘关系——生产关系；只有在生产关系中，人们

---

〔1〕《马克思恩格斯选集》（第1卷），人民出版社2012年版，第135页。

才能更有效地以自然为对象，改变作为对象的自然，完成物质资料的生产，保证自身对更多普遍性对象的获得与占有。个人的生产关系、社会关系都随着生产的物质手段、生产力的发展而变化。人是社会的人，但社会并不只是人的集合，而是人与人之间对象性活动一切成果的集合——经济、政治和文化的共同组成。这意味着某个特定社会的人不是孤立的，而是与人类现实和历史社会关系相联系的存在物。生产关系在总体上构成了所谓的社会关系和社会的基本骨架，使处于特定生产方式下的社会都具有其特殊的、独特的气质。在这个特定社会中的人也表现出不同的现实性特征。自社会诞生以后，人就无法再将自己完全置身于社会环境之外，他们的本质从此被深深地打上了社会的印记。但社会属性并不是人固有的本质，而只是具有一定现实性的本质，是本质的现实化，是变化着的现实，是一种人必然被改变的现实。在这种现实中，现实的人的本质特性主要是由生产决定的，人的身份、地位、爱好、气质等都是由基于生产关系而产生的社会关系所定义。

总之，《提纲》第六条其实是马克思给费尔巴哈对黑格尔的批判所做的评述，是“对批判的批判”。马克思的意图不在于要对人的本质作出一种社会关系的定义，也没有把人的类本质与社会性等同起来，他只是要表达对费尔巴哈“类本质”概念的批判态度。马克思认为，因为费尔巴哈没有把人的活动本身理解为对象性的活动，所以也没有看到人以“类”为对象的真正意义，他对人的理解割裂了人的类本质的普遍性与现实性，或者用黑格尔的术语来说，费尔巴哈割裂了人的类本质的普遍性在抽象与具体之间的统一关系。因此在费尔巴哈历史观中，人是理论化的、抽象的人，与宗教一样仍然属于意识性的存在，这是他感性直观的思维方式所造成的问题。在费尔巴哈看来，人以自然为对象的直观确证着人是自然存在物，人对上帝的直观确证着人被赋予的最高类意识，而“我”对“你”，个人对他人的直观确证着人的文化和社会存在。但马克思的历史观与费尔巴哈不同，他侧重于从现实的人出发，解决现实社会人存在的问题，在过去德国古典唯心主义和旧唯物主义的基础上，马克思想要继续做的工作就是用现实的、对象化的活动，即实践将种种主客体、抽象与具体、物质与意识的割裂连接并弥合起来。这个工作在后来的《德意志意识形态》中得到了很好的完成，马克思、恩格斯在对唯心主义和旧唯物主义批判中建立了他们新的、彻底的唯物史观，揭示了历史中的人是通过实践不断发展着的人本身，也是人的内部矛盾推动着自身不断寻求无限对象的自由的、有意识的对象性活动的过程。这个过程亦是社会发展的过程，是人的类本质在社会中呈现出的关系性特征。社会本质或社会性是人的类本质在社会存在状态中呈现的现实化特性，是“现实的本质”，表现为一切社会关系的总和。在历史发展的过程中，社会关系的不断变化时刻影响着人在社会中具体面貌的呈现状态，也展现出人的类本质现实化的动态发展过程。

二、人的类本质与意识

近代是人的自我意识走向普遍觉醒的时代，也是个体本位得以全面凸显的时代。16 世纪，随着新航路的开辟和早期殖民的扩张，资本主义开始成为世界性的潮流，人类开始改变原来那种由各个国家和地区、各个孤立“小社会”相对隔绝的状态，开始倾向于形成一种具有更大普遍性的、现实的人类世界。与此同时，文艺复兴运动的扩展、宗教改革的兴起、尼德兰革命等推动了主观领域中人的思想的解放。对理性主义的推崇是这一时期的重要特征，人们以理性为武器，主张尊重自然和人权，追求人的个性、自由、平等和发展。在哲学上，人们也从崇拜和思考外在自然的本体论思维，开始转向以理性反思自身，深入考察自身观念内部诸种关系的认识论研究，即所谓近代哲学的“认识论转向”。这一时期的思想家们主要从人的意识出发去反省那些哲学的根本问题，他们并不追求提供某种关于“存在”或“思维”的知识，而是要为人确立关于思维与存在之间的矛盾关系的自我意识。

一些学者，或许其自身受到近代以来认识论哲学理性高度弘扬的影响，或许他们认为马克思忠实地沿袭了德国古典哲学中的理性至上的精神遗产，在解读马克思“人的类本质”概念时，他们将《手稿》中“类存在物”和“有意识的存在物”〔1〕等同起来，从而将人的类本质理解为人的理性或意识

〔1〕 马克思：《1844 年经济学哲学手稿》，人民出版社 2018 年版，第 53 页。

性。意大利新实证主义马克思主义哲学家卢西奥·科莱蒂(Lucio Colletti ）就把《手稿》中“人是自然的类存在”解读为人首先是自然的存在，其次是思维的存在，是人的思维使人具有普遍性，这就是人区别于其他一切自然存在物的特殊性。也就是说，他认为人的特殊性不是人的类存在，而只是可经验的“类的类存在”，即“所有类的自然存在的统一或总体”。〔1〕而这个“统一”或者“总体”的工作是由人的理性和思维所完成的。他的这种理解实际上是在语言实证的过程中交换了“类存在”的概念和本体，从而把理性或意识提升到了第一性的位置。这种理解不仅不符合马克思在这一问题上对黑格尔、费尔巴哈的批判，也与马克思唯物主义的基本立场相悖，导致如科学主义者所示马克思前后思想的不连贯性。

1. 对意识的基本理解

在哲学界，学者们时常会讨论动物是否有意识、人工智能是否有意识等类似问题，甚至还有泛心论、泛灵论等认为万物都有意识的观点。在这些不同的语境中，“意识”概念本身是模糊的，并没有统一的、固定的标准，可以将任何事物对外界的反应视为意识，也可以等同于人的理性认识和能力，或者如费尔巴哈一样用“类”对意识作出严格的限定。当过去哲学家们将理性视为人的本质时，理性也是一种严格的意识，是与低级感觉和反应相区别的、富有逻辑的思维活动及其成果。理性

〔1〕 Lucio Collect, *Marxism and Hegel*, translated by Lawrence Garner, London: NLB, 1973, p234.

最重要的标准就是分析和综合的逻辑思维能力。综合是目的，分析是手段，分析和综合就是为了达成对事物普遍性、规律性的“类”的把握，从而认识事物的本质和规律。因此，理性也是以“类”为依归的，与人的本质能力相关，展示了人有逻辑思考的能力，也有能够使其思想转化为行动的能力。这样的“理性”概念就是十分严格的“意识”。

在马克思的思想中，首先，意识是特属于人的，因此是严格的。恩格斯在《自然辩证法》中将人类意识誉为“地球上最美的花朵”，任何动物的、机器的、非人的“类似意识”都要排除在“意识”的概念之外。其次，意识也有层次高低的区分。根据反映形式的差异，人对世界进行意识性把握产生了两种不同水平和形式的认识：感性认识和理性认识。人能够进行理性认识的能力就是理性。与理性相区别，人在感性认识中的感觉、知觉和表象等内容，虽然具有较低的思维水平和逻辑水平，但在本质上也是主观把握世界的结果，因此与理性一同属于人的对象化的思维活动的范围，属于人类意识的范畴。可见，“意识”的概念包含了理性，比理性的范围更大，但没有“理性”概念那么严格。

学界一般认为，马克思的“意识”概念是指物质世界在人脑中的主观映象。〔1〕这一定义中对意识主体的限定将作为本书“意识”概念的标准，也作为对相关问题进行讨论的前提。

〔1〕　参见李秀林等：《辩证唯物主义和历史唯物主义原理》（第5版），中国人民大学出版社2004年版，第49页。

“意识”以人为主体、以人脑为物质基础，是人对世界进行主观对象化的反映及其结果。人所有对象的客观存在对意识的逻辑先在性关系是不能被颠倒的。马克思在其具体文本中也再三强调这一点：“观念的东西不外是移入人的头脑并在人的头脑中改造过的物质的东西而已”。[1]“意识在任何时候都只能是被意识到了的存在，而人们的存在就是他们的现实生活过程”。[2]马克思、恩格斯认为，意识的产生与人类社会的产生是一致的，这必然也追溯到劳动。在人的类本质作为潜能而进行现实化过程中，意识与实践同构且整体同步，这两者都是人所特有的对象性活动方式。人在对象化改造世界与自身的活动（意识和实践）中不断改造自身与外部的普遍性联系，人与人之间建立的主客体普遍联系构成了“社会”这样一个有机的系统。作为思维承载物的语言也是在这个过程中产生和发展的。“语言是一种实践的、既为别人存在因而也为我自身而存在的、现实的意识。语言也和意识一样，只是由于需要，由于和他人交往的迫切需要才产生的”。[3]换而言之，语言和意识一样，都是由人的本质需要推动而产生的。“不是意识决定了生活，而是生活决定了意识”。[4]从最基本唯物主义哲学立场来看，意识是第二性的，马克思不可能把意识性视为人的本质。

---

〔1〕《马克思恩格斯选集》（第2卷），人民出版社2012年版，第93页。

〔2〕《马克思恩格斯选集》（第1卷），人民出版社2012年版，第152页。

〔3〕《马克思恩格斯选集》（第1卷），人民出版社2012年版，第161页。

〔4〕《马克思恩格斯选集》（第1卷），人民出版社2012年版，第152页。

2. 对意识性类本质的批判

实际上，马克思一直致力于对意识性本质的批判。如前所述，黑格尔和费尔巴哈对人的本质的理解都在意识领域。黑格尔将整个人类的历史看作绝对精神运动普遍化运动的过程，费尔巴哈也把人与动物的区别描述为类意识，“人的本质，人，在黑格尔看来 = 自我意识”〔1〕。费尔巴哈也把人与动物的区别描述为类意识，是人意识到自己的类本质是理性、意志和心。〔2〕那些把马克思“人的类本质”概念等同为意识性本质的人没有发现马克思真正超越黑格尔与费尔巴哈的地方。在有关人的本质的问题上，马克思的创新之处在于实践观的加入和辩证法的运用，他批判黑格尔的唯心主义立场，却继承和发展了他的辩证法。马克思把人类历史描述为一个人的本质现实化的历史过程，意识和实践活动构成这个过程的基本内容。“有意识的生命活动把人同动物的生命活动直接区别开来。正是由于这一点，人才是类存在物。或者说，正是因为人是类存在物，他才是有意识的存在物”。〔3〕对于“有意识的生命活动”有的学者将其理解为“实践”，也有的认为“有意识”的意识性才是关键。其实，马克思这里所指的人区别于动物的生命活动，本身就分为两个方面，一方面是指人主观世界里的意识活动，

---

〔1〕 马克思：《1844 年经济学哲学手稿》，人民出版社 2018 年版，第 100 页。

〔2〕 参见［德］费尔巴哈：《基督教的本质》，荣震华译，商务印书馆 1984 年版，第 35 页。

〔3〕 马克思：《1844 年经济学哲学手稿》，人民出版社 2018 年版，第 53 页。

另一方面也可以指人有意识、有目的地与客观世界发生联系的实践活动。两者是内在统一的，本质上都是人以"类"为对象的对象性活动，是由人的类本质所决定的人的运动方式。并且，当马克思写下由于"有意识的生命活动……"所以"人才是类存在物时"，他立刻意识到了这句话的歧义倾向，于是他进一步说明："正是因为人是类存在物，他才是有意识的存在物"。他强调了类存在物和意识存在物之间的逻辑先后关系，类本质是内在的动力之"因"，意识为现实之"果"。

作为一种结果，意识性是人的类本质在主体上显示出的根本特征之一。并且，人在意识中体现的主体目的性、能动性因素对人在客观世界的对象性活动和人的类本质的现实化状态起着重要的反作用。一方面，意识确证着人的类本质的存在；另一方面，意识性也成为人类本质活动的一个重要特性。"作为类意识，人确证自己的现实的社会生活，并且只是在思维中复现自己的现实存在；反之，类存在则在类意识中确证自己，并且在自己的普遍性中作为思维着的存在物自为地存在着"。〔1〕在这段话中，马克思阐述了类意识与类存在的关系，实质上也将类意识与类本质区别开来。这里的类意识几乎可以等同于费尔巴哈式严格的意识，也就是说：意识确证人的社会生活和现实本质，类本质（类存在）通过意识确证自身的普遍性本质。个体的人是特殊的、现实的社会存在物，但因为人是类存在

〔1〕 马克思：《1844年经济学哲学手稿》，人民出版社2018年版，第81页。

物，个体的人也会在意识中将自己视为总体“类”的成员。这种类意识是对自身普遍性在现实中的确证。尽管每个个体的生活是不相同的，但从普遍性的角度来讲，人能够在意识中确证自己与人类整体的联系性，亦即确证自身的普遍性与现实性的关系。

但这种确证人的类本质的方式并不是只有意识一种。并且，人在意识中对自身本质的确证常常是虚幻的、抽象的甚至错误的。只有结合现实的对象性活动即实践，才能真正确证人类自身的本质所在。无论意识还是实践，它们都需要主体从现实性的对象中去寻求其普遍性，把握其规律性，然后又以普遍性为对象去改造现实性，否定之否定，使主体与对象，或人自身与世界的发展融为一个共同的过程。在此过程之中，我们会认为人的活动是有目的、有意识的。意识性也成为人类活动的一个重要标志，似乎意识性体现了人类活动的自由与自觉。然而，“如果没有人，那么人的本质表现也不可能是人的，因此思维也不能被看作是人的本质表现”。〔1〕在对现实的人的关切中，马克思把意识性视为“人的本质表现”，是作为主体的人的特征。实际上，能够体现自由与自觉的意识必须是严格的类意识，只有严格的类意识才能体现真正属于人的活动的本质特征。在异化劳动中，工人并非没有意识、没有目的的，但当他们的意识不再是严格地以“类”为对象，不再是以追求自身普遍性、

〔1〕 马克思：《1844年经济学哲学手稿》，人民出版社2018年版，第114页。

无限性为目的的意识；他们活动就是机械的、重复的、枯燥的，活动的“对象”是固定的、有限的，活动的目的也沦为了仅仅满足自身的生存需要，而不是源自人的类本质对自身现实性扬弃的根本需要。这种局限的、异化的意识无法使工人在现实中确证自身的类本质，这造成了思维着的人的本质的异化和人生意义的失落,也深刻体现了异化劳动与类本质确证之间的矛盾。只有把人真正所追求的“类”的对象还给人，使人能动的主体性得到充分发挥，人才能真正实现自身类本质的需要，并通过意识确证自身为能动的主体，是自由有意识的存在物。

三、人的类本质与实践

在当今国内马克思主义学界，很多学者从实践存在论或生成论的角度去理解马克思人的本质思想，把马克思“人的类本质”解释为实践本质。例如，王双桥直接认为劳动就是人的类本质，是人类生命活动的本质特征，也是人与动物的本质区别。〔1〕艾福成则认为马克思通过对异化劳动的研究，发现了劳动、实践是人的类本质，把人看作自由的、普遍的、对象性的存在物，并系统地揭示了人的类本质的创造性、历史性和开放性的特点。因此人是一种以实践为本性的存在，人通过实践、劳动而成为人。〔2〕

---

〔1〕 参见王双桥：《论人的类本质》，载《求索》1998 年第 1 期，第 69—73 页。

〔2〕 参见艾福成：《马克思关于人的类本质理论及其意义》，载《吉林大学社会科学学报》2000 年第 7 期，第 60—65 页。

的确，把“实践”引入对人的本质的思考，这是马克思对过去哲学家人的本质思想的超越之处。康德曾在《纯粹理性批判》中认识到理性或思维是一个不能够自我包容的实体，要把握人的本质必须阐明人的因果性和目的性的关系。但由于康德对劳动或生产活动的相对忽视，他最后没有找到连接这种因果性的东西。黑格尔在他的《精神现象学》中则找到了连接这种因果性的“劳动”，他认识到了劳动的本质和人的对象性本质。黑格尔把劳动视为人的自我创造活动，把对象性的人也就是现实的人理解为自身劳动的结果。但正如马克思所批判的那样，黑格尔只看到了劳动积极的方面，没有看到消极的方面。马克思认为，“黑格尔是站在现代国民经济学家的立场上的”。〔1〕黑格尔与其他国民经济学家一样，只是从肯定的方面去理解劳动，“他把劳动看做人的本质，看做人的自我确证的本质”。〔2〕也就没有从否定的方面理解劳动，没有把劳动看作人的自我异化的本质。归根结底，黑格尔的“劳动”概念是一种抽象的精神的活动，这种抽象的劳动、理论的实践不能真正揭示出人的类本质。沉湎于感性直观的费尔巴哈也没有把握真正的“实践”，他没有把人的活动理解为对象性的活动，也就脱离了实践、脱离了现实的人。于是在费尔巴哈的理论中，人在告别了黑格尔式虚幻宗教本质之后又进入了另一个抽象的本质世界。

〔1〕 马克思：《1844年经济学哲学手稿》，人民出版社2018年版，第98页。
〔2〕 马克思：《1844年经济学哲学手稿》，人民出版社2018年版，第98页。

马克思则在前人的思想基础上，创新了实践的观点，他把以生产、劳动的主要内容的实践活动视为整个感性世界的基础，以“实践”为中介连接了人的因果性和目的性。

1. 类本质的实践性解读

“实践”是马克思主义哲学的首要基本概念。无论是在青年时期还是晚年时期，马克思在他的一系列著作中都十分重视实践。从《手稿》《神圣家族》《形态》《政治经济学批判导言》《提纲》到《共产党宣言》，以及后来的《政治经济学批判》和晚年笔记等，几乎都强调“实践”的概念。可以说，“实践”概念在马克思建构自己哲学体系的过程中起到了关键作用。

其实，“实践”是一个古老的概念。早在古希腊，哲学家们就用“实践”来指代各种活动。亚里士多德最早把“实践”从“活动”中分化出来，提升为一个与人的本质相关的概念，他将“实践”定义为包括了完成目的在内的活动，确定了“实践”所具有的伦理价值，强调了实践活动本身的善。近代的康德也重视实践，提出了“理论理性”和“实践理性”的概念。实践理性是人具有行动的能力或功能，通过规范人的意志而支配人的道德活动，进而使人达到自由，康德的“实践”概念仍是伦理性的。黑格尔的“实践”则是精神性的，他把实践理解为“绝对理念”演绎的一个环节，是观念实现自身的活动。在分析认识的过程中，实践是观念向着客观（绝对的）真理的过渡。

受前人实践观的启发，马克思在批判与继承已有理论的基础上，以“实践”概念为核心建构起自己崭新的实践哲学。从前的一切哲学尤其是德国古典哲学仅仅是从概念演绎、抽象玄谈的角度来看待“实践”，却对现实中具体的、活生生的人的活动视而不见。本着对现实的人的深切关怀和改变世界的宏愿，马克思把实践置于具体的、现实的社会历史语境中来进行探讨，在对从现实人的活动中把握和改造了实践的概念。马克思把实践看作人的根本活动，是作为主体的人与客观世界发生普遍性关系的根本方式，实践行为本身满足了人的本质需要，这是实践所内涵的自身的善。实践的直接目的在于改变客观世界，同时也改变作为客观世界一分子的人类自身，实践的最终目的则是人的本质的实现，实践自身的善是人的现实和本质的统一。在人的本质实现的过程中，实践无时不在、无处不有，始终发挥着二重化主体和客体、主观和客观的基础作用，这也使实践性始终是人的本质在其现实化过程中展现的重要基本特性。总之，在马克思的哲学中，“实践”概念是指人能动地改造物质世界的对象性活动。〔1〕

马克思对“实践”的新定义重点强调了人类行为的对象化本质。“实践”的概念突出了实践的主体是人，实践的性质则是对象性活动。实践是以人为主体，以客观事物为对象的现实活动。实践的确可以被视为人与动物的重要区别，因为与动物消极适应自然的活动不同，人的实践活动具有自主性和创造

〔1〕　参见李秀林等：《辩证唯物主义和历史唯物主义原理》（第5版），中国人民大学出版社2004年版，第65页。

性，体现为对万物“类”的认识、占有和改造。人通过实践活动不但能够认识万物的“类”——认识和把握客观规律，还能占有对象的“类”——将之纳入人的本质力量范围，使之成为人本质力量的一部分；更重要的是，人还能在实践中改造对象的“类”——利用客观规律创造出按照自然本身无法产生或产生几率几乎为零的事物。实践把人的目的、理想、能力等本质力量对象化对客观实在，创造出一个属于人的对象世界，从而改变了人和自然的关系。在实践中，人与自然的关系从自然对人的绝对支配变为了人与自然的对象性关系，即自然“为我而存在”的关系。同时，人也在实践中自觉地把自身与自然界区分开来，将人类与他类区分开来，意识到了“类”的存在，并意识到了“我”和“你”“他”之分，人就从而具有了主体性的意识。人类实践发展就是人的主体性地位不断提升和弘扬的过程，同时也是人的主体意识从人类、个人到个体层面不断得以具体化实现的过程。

从主客体关系的结构来看，“实践”和“意识”是同构的，但作为两个相互区别的概念，它们分别指代了客观世界和主观世界中人的对象性活动。另外，“实践”与“劳动”“生产”等概念内在相通，正如“意识”与“理性”等概念一样。当然严格来说，它们彼此都有一定的区别。“劳动”的概念指代了人直接区别于动物的活动，是人处理人与自然之间物质交换关系的一种基本的活动。因此，在马克思看来，“劳动”的概念直接与人的类本质相关，是《手稿》中所指有意识的、自觉的

“类生活”。“生产”概念则有两个方面的含义：一方面可以指人自身的生产，即人的种族繁衍；另一方面则与“劳动”概念的内涵几乎相同，是用来处理人与外部世界关系的一种活动。但是，随着人类自身本质需求和本质力量的发展，“生产”更多地体现为人类对象性活动水平的提升和形式的多样化。例如，在资本主义社会中，社会化大生产就是一个明显的事实，“资本的趋势是赋予生产以科学的性质，而直接劳动则被贬低为只是生产过程的一个基本要素”。〔1〕当然，实际上马克思没有对这三个概念进行严格的区分，他常将它们交替使用。在本书中，根据研究的文本和语境的不同，三个概念也是交替使用的；在其本质上，三个概念都共同指代了客观世界中人所特有的对象性活动。

目前，学者们以“实践”来解读《手稿》中马克思人的类本质概念，主要有两种解读模式：实践生成论和实践存在论。一种是以实践活动本身来理解人的类本质，一种则是把人的类本质归结为实践活动的性质，这两种实践解读模式都有着某种程度的反本质主义倾向。马克思曾写道，“一个种的整体特性、种的类特性就在于生命活动的性质，而自由的有意识的活动恰恰就是人的类特性”。〔2〕其中，“自由的有意识的活动”就是实践，这是几乎没有异议的。在对马克思这一文本的理解

〔1〕《马克思恩格斯全集》（第46卷，下册），人民出版社1980年版，第211页。

〔2〕马克思：《1844年经济学哲学手稿》，人民出版社2018年版，第53页。

上，实践生成论认为，马克思把“自由的有意识的活动”作为人的类特性，实践或劳动就是人的类本质。人类通过劳动创造了自身，改变了人和自然的关系、人和人的关系，从而把自己提升为人类亦即类存在物，这为现实中人类社会或共同体的产生提供了前提。但是，由于实践活动本身内容的多样性和无限性，在现实中，人们往往由于实践主客体的不同状态呈现出丰富的社会历史动态。如果将实践视为人的类本质，这倾向于取消了人的类本质的普遍性和唯一性。

实践存在论则认为人的类本质就是实践的本质。确实，就实践活动本身的性质来说，它是人所特有的对象性活动，这一点是不变的，可以与人的类本质的恒常性和一般性相对应。但正如前面讨论“人”的概念时所言，我们可以说“劳动创造了人类”，但这并不意味着应当把“实践”这种属于事物运动范畴的概念作为主体的人的根本性质。“本质”和“运动方式”是对主体不同方面的描述，本质作为一种潜在的存在，决定着存在物的运动方式。实践作为人的存在和活动方式，是一种作为人的类本质现实化的中介而存在的概念。有学者（韩民青）认为，从功能而言，实践是类本质的表现；从结构上讲，类本质呈现出“肉体—文化”的特征。[1]该学者在一定程度上已经发现了“表现”和“本质”的差异。无所何种表现，总是有一定现实化程度的“表现”，而“本质”与现实却是相互区别

〔1〕 韩民青：《人的类本质与社会关系本质》，载《文史哲》1997年第7期，第48—54页。

的，不是直接同一的，总是具有一定的潜在性和抽象性。本质的理论意义就在于揭示事物固有的、普遍的、必然的、相对稳定的、有规律的内部联系，而并非仅仅展现事物的活动方式。因此，无论如何，“表现”或“活动”不等同于“本质”，作为“表现”或“活动”的实践也不能直接等同于人的类本质。

2. 通过实践的占有和确证

实践本身不能等同于人的类本质，但实践在人的类本质实现的过程中起到了关键的作用。从其概念上看，实践具有物质的性质和感性的形式，这使实践直接同人以观念方式把握物质世界的活动即意识活动（认识活动、理论活动等）区别开来。实践具有直接现实性的特征，在实践中，人能够运用自己的本质力量与客观对象发生现实的对象性关系，使人对对象的占有和改造同样具有了客观现实性的特征。但是，人在实践中呈现的客观现实性又与自然物的直接现实性不同。纯粹的自然物与人无关，不涉及任何与人的关系，不进入人主观意识的把握和改造范围之内，因此也不与某种概念、观念相关。而实践活动必然与人的主观活动发生联系，它从人的主观活动的圈子里走出来，把自身的需要、目的、意图和理想现实化为客观的存在。更为关键的是，人们通过实践能够检验自己的需要、目的、意图和理想是否在客体对象潜能发展的合理范围之中，是否符合自然界的客观规律。因此，人就能够通过实践对人类意识活动的成果（人在意识中对万物“类”的把握）作出真理与否的验证。真理是不能通过知识本身来获得最终证实或证伪的，只有实践才是检验真理的唯一标准，这无疑是实践的对象性活动先于意识对象性活动的根本之处。

和意识相类似，实践与人的类本质之间的关系也主要有两个方面：一方面，人通过实践广泛地占有和确证自己的类本质；另一方面，实践性是人的类特性，这是人的类本质在人的存在和活动方式中所表现出的重要特征。马克思认为，人通过实践证明自己是类存在物，而且是有意识的类存在物。“通过实践创造对象世界，改造无机界，人证明自己是有意识的类存在物”〔1〕“正是在改造对象的世界中，人才真正地证明自己是类存在物”。〔2〕人的实践作为人对自身类本质的确证和占有的中介性活动，这种活动贯穿了人类发展的全过程。在理想的状态下，人在现实的实践活动中通过占有和改造对象而不断扬弃自身的现实性、发展自身。这种二重化的活动使人能够不断满足自己对对象和自身普遍性的需求，也不断地占有和确证自身以普遍性为对象的类本质。

但是，实践并非人类活动的全部内容，实践也并非始终处于如此理想的状态。马克思“自由的有意识的活动”为人的本质活动提供了一种标准，只有与人的类本质相符合的对象性活动，才具有人的类特性。这样一来就排除了那些非能动、非自由、无意识的活动对人的本质确证的意义。例如，在资本主

〔1〕 马克思：《1844年经济学哲学手稿》，人民出版社2018年版，第53页。
〔2〕 马克思：《1844年经济学哲学手稿》，人民出版社2018年版，第54页。

义制度下的工人们所从事的异化劳动，其活动本身对人自身本质的确证意义就是极其缺乏的。异化劳动也是一种实践活动。但是，在异化劳动中人的实践状态是不理想的、不自由的、失去选择的。在这样的劳动中，“在他们那里已经失去了任何自主活动的假象，而且只能用摧残生命的方式来维持他们的生命”。〔1〕通过这样的实践活动工人无法证明自己是类存在物，正相反，他们证明了自身是局部的人，是机械的、残缺的、异化的存在物。

无论是意识的确证还是实践的确证，从根本上来说都是通过对对象的占有而实现的。实践作为人类占有对象的主要方式，也是人占有自身本质最基本的方式。在实践的过程中，对象的丰富使人在其生存活动中占有自身普遍性的程度不断加大，人的“无机的身体”或本质力量也呈现出不断增长的趋势。如此一来，人与自然的关系变得越来越复杂和多样化，人的自身也就能越来越少地受制于自然性的束缚，从而展示出人的自由和无限。另外，实践不仅是改变对象的活动，也意味着作为主体的人自身的对象化。这种对象化是主体潜能的对象化。人类历史发展的过程也是社会文化环境代替自然环境的过程，这种自身环境是人类实践活动的结果，体现着人的本质需求和本质力量的对象化。“人创造环境，同样，环境也创造人”，〔2〕

〔1〕《马克思恩格斯选集》（第1卷），人民出版社2012年版，第209页。

〔2〕《马克思恩格斯选集》（第1卷），人民出版社2012年版，第172—173页。

通过主体和对象不断丰富的实践活动，主体的人在对对象的普遍占有中实现着自身对普遍性的追求，同时也反过来发展和丰富了自身新的现实性，从而改造了自身作为“类”的现实存在状态。

在实践的过程中，人也通过在实践中形成的意识来确证自身的普遍性本质所在。这就是人以类本质为依据的双重活动方式的展现。“动物不把自己同自己的生命活动区别开来。它就是这种生命活动”〔1〕与此相反，人作为实践的、有意识的类存在物，具有最根本的对象化能力，能够在自身对普遍性的追求的驱使下，把自身的本质力量对象化于自然物，并在这个过程中使自身的生命活动本身变成了自己的意识对象。“劳动的对象是人的类生活的对象化：人不仅像在意识中那样理智地复现自己，而且能动地、现实地复现自己，从而在他所创造的世界中直观自身”。〔2〕劳动作为最基础的实践，它包含着两个方面的内容：一方面，其在意识中通过观念地改造对象世界从而占有自己的本质（理性地复现自己）；另一方面，其在实践中现实地创造属人世界从而占有自身的本质（现实地复现自己）。这两个方面相辅相成，统一于人的劳动中。马克思强调对象，也强调“对象化”，他认为“劳动的对象是人的类生活的对象化”。这种对象化就是人通过意识或实践占有和确证自

〔1〕 马克思：《1844年经济学哲学手稿》，人民出版社2018年版，第53页。

〔2〕 马克思：《1844年经济学哲学手稿》，人民出版社2018年版，第54页。

己的本质，其中最关键的实现方式还是在于实践。马克思历史唯物主义与唯心主义最根本的不同就在于，它“不是从观念出发来解释实践，而是从物质实践出发来解释各种观念形态”。[1]在马克思那里，物质化的实践是第一位的，“这种活动、这种连续不断的感性劳动和创造、这种生产，正是整个现存的感性世界的基础”[2]，也是人类一切历史的现实基础。

可见，虽然马克思在《手稿》中把“自由的有意识的活动”作为人的类特性，但“类本质”和“类特性”相区别，实践性并不能直接等同于人的类本质。“本质”最重要的不仅是一种能够被呈现或确证的特性，还是作为一种潜在存在的规定性，说明了为什么人必须在自身之外或通过外物中介性地实现自己，这是一个属于人的本质以特殊形式表现出来的过程，也是人自我实现的过程。由于“本质”在亚里士多德的辩证法中被认为是运动和超越的真正主体，这种自我实现的过程就意味着主体成为现象世界的本质，也就可以说，人成了万物的尺度。在现象世界中，主体通过给予这个世界（自在世界）其自身本质的同一性实现了自身对世界的把握。在这个意义上，“本质”决定了中介的存在。本质通过这样的具体化、现实化，通过规定中介的存在，其自身也变得特殊化，因而自身也在一定程度上被规定了。当然，这并非意味着现实的人在这种自我实现的

[1] 《马克思恩格斯选集》（第1卷），人民出版社2012年版，第172页。
[2] 《马克思恩格斯选集》（第1卷），人民出版社2012年版，第157页。

过程中沦为了虚幻，而是人使自身普遍性的本质更进一步地获得了具体性，并确证着本质对中介的决定性作用。

马克思非常重视实践活动中现实的个人，在《德意志意识形态》中，马克思、恩格斯写道，“个人怎样表现自己的生命，他们自己就是怎样。因此他们是什么样的，这同他们的生产是一致的。”〔1〕“随着生产方式即谋生方式的改变，人们也就会改变自己的一切社会关系”。〔2〕类似的论述的确强调了实践对人的决定性，但这种决定性不是在最普遍的“本质”层面上的决定性。实践并非能够先在地决定人的类本质是怎样的，正相反，是本质决定着中介，人的类本质决定了人的存在方式和活动方式是实践，也决定了实践的性质、内容和目的。人的实践活动尚在潜藏于主体意识阶段的“目的性”时，就已经具有了区别于动物的“人”的特征，因为人不论是在实践还是意识中，都以普遍的“类”为对象。在人类不断发展自身的过程中，实践决定着人的本质的现实呈现状态。一方面，这种“决定”是实践对社会层次中“个人”本质的决定性。生产之所以与“个人是什么样”相一致，是因为“个人”的本质是受其生产力和生产关系所决定的社会性本质，而生产力正是人的普遍对象性本质与现实性之间矛盾作用的结果，是人的类本质在现实化过程中本质能力的发挥。在与“类”并不同一的“个人”

〔1〕 参见《马克思恩格斯选集》（第1卷），人民出版社2012年版，第147页。

〔2〕《马克思恩格斯选集》（第1卷），人民出版社2012年版，第222页。

那里，实践所决定的社会性本质是类本质现实化后所呈现的状态。这种状态是动态的，展现为个人社会关系的总和与其生产劳动密切相关，且随着社会历史环境的变化而变化。另一方面，这种“决定”也是实践对个体层次中人的“个性”的决定性。因为个体无法割裂自身与社会的关系，也即，个体与个人的存在都与社会化的生产劳动分不开，而个人在精神上的现实丰富性完全取决于他的现实关系的丰富性，这种现实关系正是通过实践的中介建立起来的。可见，实践是人实现和确证其本质的根本方式。因此，实践或实践性不等同于人的类本质，而应该被视为人的类本质现实化所呈现的类特性。实践作为人的类本质实现的中介或渠道，这种活动方式本身是受人的类本质所规定的。

第五章

人的类本质与人性

根据第四章的研究结果可知，马克思“人的类本质”概念不能直接等同于人的社会性、意识性和实践性。正如马尔库什所指出的那样，“实践”“社会”和“意识”都是经验层面上的概念，它们反映的是“人性”（或人的本性 human nature）的内容，而非“人的本质”（human essence）。〔1〕人的类本质是一种人以普遍性为对象的对象性本质，这种本质规定着人在实现自身的过程中以两种不同方式的对象性活动为中介——认识活动与实践活动，也使人在其历史与现实中呈现出多种共同特征，展现为人类内部相当程度的普遍性的实现。

一、人性的概念

一般来说，“人性”（human nature）和“人的本质”（human

〔1〕 参见［匈牙利］乔治·马尔库什：《马克思主义与人类学——马克思哲学关于“人的本质”的概念》，李斌玉、孙建茵译，黑龙江大学出版社 2011 年版。

essence）这两个概念常常是混用的，没有统一的区分标准。但如果基于“人的类本质”概念将它们进行一定程度上的严格区分，就可以更清晰地展示人的类本质与人的实践性、社会性、意识性的关系，也能很好地解决阿尔都塞式的问题。诺曼·杰拉斯在批判阿尔都塞时认为，“人性”（human nature）和“人的本质”（human essence）这两个概念是同一的，他在“人性”概念中分离出了一种随着社会历史变化的“人的本性”（the nature of human）”概念，并将这种人的本性视为人的全方位的特征，与人的特性中永恒不变的要素相区别。〔1〕虽然杰拉斯的这种划分方法容易造成二次的混用和误解，毕竟“人性”“人的本性”等类似概念在中文语境中实际上是很难区分开来的；他对人性的分析也主要集中于表面的语词逻辑，没有从存在论、本体论的意义去深入探究马克思人的本质思想的深刻内涵。但杰拉斯的这种区分本身还是有意义的，反映出人们已经注意到这样一种情况，即在马克思关于人性的阐释中，有一些内容是不变的、普遍的，而有一些则是随着社会历史变化而变化的。那么，人性或人的本质究竟是这些不变的内容还是那些变化的部分？马克思是否对人性有两种截然不同的看法？是否据此构成了马克思的反本质主义立场或“理论反人道主义”？要明确这些问题，对“人性”和“人的本质”概念进行一定的区分的确是十分必要的，本书也将做出如下的尝试。

〔1〕　See Norman Geras.*Marx & Human Nature*: *Refutation of a Legend*, Verso, 1983, pp23-25.

首先，“本质”的概念就应该是本质的。“本质”概念的意义就在于揭示事物普遍的、稳定的、固有的内部联系。亚里士多德就认为，一种性质称为本质属性的前提条件就是：它在任何状态下都自始至终地存在于该事物之中。在有关定义的部分，事物的本质则是唯一的，如果一个事物有多个定义，那么这些定义之间一定是同义的。[1]正如本书第三、四章致力于释明的那样，虽然马克思早期对黑格尔和费尔巴哈本质主义人性观进行了强烈的批判，但他的批判并非对人的本质的彻底否定，也并非意味着马克思一定就是一个反本质主义者。马克思批判本质的目的是重新定义，或者说，是为了否定那种虚幻的、纯粹抽象的人的本质概念，从而重新建立起一种辩证的、具体普遍性的本质概念。因此，人们不应持着一种非此即彼的态度来理解马克思的思想，也不应对形而上学抱有陈腐的偏见。那些虽然是每个人都具有的，但随着特定社会历史环境变化、随着主体力量需求变化、随着对象变化而变化的人的“特性”并不能达到“本质”概念的定义标准，因此也不能与固有的、唯一的“本质”混为一谈。并且，把人抽象出来等同于某种社会历史背景中人的共同“特性”或“特征”的观点恰恰遗漏了人最真正的本质。

其次，“人性”的概念是极其复杂的。一般来说，人性指代了人们共同具有的某种思想特质或行为倾向，具有普遍性和

---

〔1〕 杨红玉：《四谓词理论中的“本质”——兼论现代哲学中本质主义的困境》，载《河南大学学报》2013年第1期，第18页。

稳定性的特征。但就其具体内容来说，人性似乎是多种多样的。例如，霍布斯就将人性视为自私自利、相互争夺的本性，在没有政府的“自然状态”下，人性不可避免地会把人类带向严重的冲突。卢梭则反对霍布斯的观点，认为在“自然状态”下，人性是天生就有的向善的道德性。可见，人们对于人性的内容并没有形成固定的意见。当遇到天灾人祸，有的人走投无路选择昧着良心出卖身体和尊严换得几日饱餐；或者在巨大利益面前，有的人难以拒绝诱惑，行奴颜婢膝、卖国求荣之事。这时人们就会感叹，这就是人性！似乎人性就是自私自利，是邪恶、嫉妒、愤怒和残暴等。但人性也有善良的一面，无私奉献，舍己为人，人类本性的美好品质在一代又一代道德模范人物身上得到了充分展现。除此之外，还有共情、感恩、怜悯之心等等，都是人类共通的善。由此可见，广义上指代人类全部共同属性的“人性”概念，其内涵主要包含了两个矛盾的方面，即善恶之分。

历来，人们对人性的讨论主要都集中于善恶与否的问题上。中国古代性善论的代表如孟子，他认为人天生即有“恻隐之心，羞恶之心，辞让之心，是非之心”，这就是人异于禽兽、高于禽兽的本质的特征。古希腊的斯多葛学派也持性善论的观点，认为人虽然有自利的需要，但人的理性能够把自身利益与他人利益按照理性的原则进行协调，从而取得和谐。卢梭对自然状态的描绘也展示了人性本身的善，他的观点与霍布斯不同，卢梭认为在自然状态下，人人都生活在自由平等之中，只是由于历史发展与社会制度等原因人性才变邪恶了。中国古代性恶论的代表则是荀子，他认为人性天生就是恶的，人之性恶必须有待君师、礼法的教化才能合于道德规范。荀子的徒弟李斯、韩非子也都笃信人性之恶，主张用严刑峻法来治理国家。西方持性恶论观点的有奥古斯丁、霍布斯、叔本华等。基督教其实也是一种典型的性恶论，其认为人类的祖先亚当和夏娃因违背了上帝的意愿而犯了“原罪”。因此，作为亚当和夏娃的后代，人类生来就负有深重的罪恶，必须要用忏悔、劳作以及服从某种禁忌、戒律等来获得上帝的救赎。除了性善和性恶的二分，还有如告子所持人性无善恶、洛克的人心白纸说以及人性善恶皆有等不同的观点，但这些观点主要还是围绕人性善恶问题来展开的。

然而，善恶作为“人性”概念的核心关注，这是一个伦理学问题，而不是“人的本质”所关切的本体论问题。因此，“人性”与“人的本质”其实具有两个截然不同的内在问题指向，“人性”概念背后是关于人的伦理学问题，“人的本质”概念则是关于人的本体论哲学。在现实中，人们为“人性”概念注入的多样化内容主要展现了他们对自身或他人思想品质和行为效果的一种价值判断，具有相当的道德审判色彩。而人的本质则并非一种主观性的判断，正相反，人的本质决定了人的需要，从而影响人在意识和实践活动中的价值取向和目的判断。

人性的复杂还在于其混杂性，正如马斯洛把人全部属性的总和视为人性一样，人们日常使用的“人性”概念并不是纯粹的，很多被归为“人性”的内容其实并非只属于人。要更好地理解人性就必须注意剔除那些不属于人的特性。例如，在杰拉斯所区分的两种人性中，他把普遍的人性解读为人的自然需要，认为人对食物、水、衣服、住所的需要，休息的需要、性需求，等等。更广泛地说，他把有利于生理健康而不是疾病的环境的需要视为人的永恒特性，认为不论社会历史如何发展，人们都具有这样普遍的一般生理需要。[1] 然而，一切尚未被打上人类主体性印记的自然需要，一切未进入社会领域的，未曾披上文明外衣的需要都还不具有人的性质，因此也不应属于人性。人赤裸裸地来到这个世界上，这是一种与任何生物诞生都无异的自然事件。然而，人的诞生并非仅仅只是一种自然事件，还是一种社会事件，因为人从一出生起，甚至尚未出生之时就已经被裹入了社会文明的襁褓之中。人并不是孤零零地、赤裸裸地存在于这个世上，他们都处于一种与自然、与他人的普遍联系之中，都要披上“社会文明”的外衣，成为社会性的个人。马克思曾说：“饥饿总是饥饿，但用刀叉吃熟食来解除的饥饿不同于用手、指甲和牙齿啃生肉来解除的饥饿。”[2] 人类最一般、最永恒的自然需要——解除饥饿，这种需要并不纯粹只是人性的特征。人和动物都会饥饿，都有这样的共同需要。然而，人的自然需要具有和动物性自然需要不一样的特征，因为

〔1〕 See Norman Geras. *Marx&Human Nature*: *Refutation of a Legend*, London: Verso, 1983. pp.72—73.

〔2〕《马克思恩格斯文集》（第 8 卷），人民出版社 2009 年版，第 16 页。

人满足自身需要的活动方式不同，明显具有人所特有的理性思维痕迹和社会文明特征。因此，如果将自然需要视为人的普遍人性，就难以把人和动物都共同具有的自然属性区分开来，从而误解了真正的人性，使人性堕落为“兽性”，看不出人和动物的本质区别。

在马克思看来，人性并不仅仅是由自然需要所支配的。正相反，仅受自然需要支配的人一般被社会视为“人性泯灭”的禽兽而予以唾弃之。饿了就要吃，那不是人性，人会选择和处理食物，饿了还要思考什么好吃、什么吃了好；有性需要就要交配，那不是人性，人会选择和尊重对象，追求两情相悦、共沐爱河的鱼水之欢。人之所以是人，正是因为人在社会化、文明化的过程中一直在试图摆脱自然法则的绝对支配，而由人自己来创造法——道德、法律或其他任何人造的规则，用来对人类自身的活动秩序进行支配和调节。可见，人性不断显现的过程使自然法则之下出现了特殊的人法。人法在特定社会群体之中则具体化为抽象的道德或实定的法律，更具体地则成为小范围内人们规范自身行为的各种准则，这一具体化的过程显示出自然法则在社会领域的具体化、现实化。正是这种具体化、现实化使人在自然界中越来越特殊化，成为最独特的存在。因此，那些人和动物都共同具有的一般属性，纯粹的自然性，应该被排除在人性之外，不应把那些尚未具有人的独特特征的自然性划归为人性或人的本质的概念范畴之内。

当然，相较于人性，自然性始终是具有优先性和基础性的。

用马克思的话来说，自然意义上人的存在就是“全部人类历史的第一个前提”。[1]在特定的情形下，人纯粹受其自然性支配的行为可能独立于人与人的社会关系之外。这时，人的活动就无法进入道德和法律的调整范围。道德和法律是社会中存在的规则体系，是人造的法，只能调整人与人之间的关系，而不能调整人与自然的关系。哪怕那些涉及环境、生物、气候等自然领域的法律，看似在调整人与自然的对象性关系，但在其实质上，这些法律也必须通过调整人与人之间的关系，才能从整体上发挥调整人与自然关系的功能。在社会之外，是只受自然法则支配的领域，人类社会的法律将对自然领域内相关事件的发生无能为力。例如，在著名的“洞穴奇案”中，几位被告在面临生死存亡的紧急情况下，采取了动物式的残酷行为以获得基本的自我保存。当然，他们也并非别无选择，比如，选择宁死做一个文明的社会人，拒绝残害同类来满足生存需要。但是，在那样一个远离社会的环境中，文明并没有发挥作用，他们选择了服从自己的第一生存需要，以残害同类的方式来获得解除饥饿需要的满足。这样的行为一经做出就意味他们放弃了遵守人类社会的规则，他们仅仅顺从自然法则。这时，他们就被排除在道德和法律的调整范围之外了。道德和法律只能适用于人性尚存之人。被告在吃人的那一刻，他们的人性荡然全无。对于这样的行为，他们最应该受到的对待就是他们自身所选择的

〔1〕《马克思恩格斯选集》（第1卷），人民出版社2012年版，第146页。

存在方式。然而，他们毕竟不仅是自然意义上的人，一旦饥饿解除之后，他们的人性又开始回归于自身的类存在了。也就是说，一旦他们再次回归到人类社会之中，道德和法律就必然会对他们的行为进行善恶的价值判断。于是，在审判“洞穴奇案”时，现实中出现了分析和判决结果的争论。由此可见，回归后的人性依然可以使人作为道德和法律的规范对象。道德和法律无法规范的，则并非人性，包括那些人的属性中所隐藏的残暴、冷血、杀戮、反社会等极端的恶，都不应该属于人性的范畴，而是非人的动物性。

在现实的人身上，极端的恶是较为少见的。大部分罪犯都人性尚存，即使是热衷杀戮的战争狂人也会想方设法给自己的屠杀找到正当借口，以减轻自己的罪恶感，掩饰自己的非人性。又或者大如某些国家，小如某些蝇营狗苟之辈也能自知其非人行径无法曝光于文明世界，只敢在背地里干一些丧尽天良、泯灭人性的勾当。因为他们深知其罪恶行径一旦公布于社会，必定招致道德的谴责和法律的惩罚。同样，极善的人也大多具有传奇色彩，例如以身饲虎、悲悯众生的佛祖释迦牟尼，这样的极善已经完全脱离了人的自然性，宣告人在人与自然的关系中身心都获得了整体的超越，展示出感应天地的大爱。然而，这种极善对于现实的人来说还只是一种理想，自然性始终是人类存在无法脱离的基础。因此，现实的人性总是在极恶和极善之间摇摆动荡，体现出不同程度的善恶交织。

当然，值得提醒的是，在日常语言中，“人性”和“人的本质”两个概念常常是混用的，特别是在某些其他语言的语境中，两者的区分可能不如中文语境中这么明显。一些西方思想家如亚里士多德、康德等在讨论人的本质内容时都立足了人之德性的伦理学立场，预设了善或恶是人无法改变的本性。如果以伦理学和本体论的区别来对“人性”和“人的本质”概念进行区分，那么这些思想家讨论的人的本质问题实际上是中文语境中人性观的内容，而非本体意义上人的本质的范畴。不同于过去思想家对人性给出的德性预设和抽象设定，马克思人的本质思想并没有从道德或伦理的角度来讨论问题。他既没有以善为目的将人拔高，也没有采取悲观失望的态度用邪恶与欲望将人贬低，而是依照人的类本质在社会中实现的状态来描绘人性：人性既难移也可变，既能善也可恶，既体现在人的行为效果之中，也能够用以评判人的思想倾向，人性的一切皆取决于人的类本质在其现实性上的具体呈现状态。

此外，人性还是可变的。在阐释马克思的人性观思想时，很多学者都采用了马克思在《提纲》中对人的本质的阐释，即“一切社会关系的总和”。可见在马克思那里，人性的内容更多地偏向于社会性，是由人在其现实性中所获得的社会关系的总和决定的。社会关系的多样化决定了人性的复杂，随着社会关系的改变，人性的内容就会发生相应的变化。无论善恶，人性所呈现出的普遍性和稳定性都只是相对的。虽说“本性难移”，但“难”并不意味着不可能；相对于固有人的本质来说，那些被归为“人性”的内容在人的发展历程中都具有相当程度的可变性。《三字经》有云：“人之初，性本善……苟不教，性乃迁”。人性不仅是变化的，还是可以被有目的地、对象化地改变的。“人改变本性”主要是指他们通过意识、实践和社会关系的改变而改变自己的存在状态，如观念、交往和活动方式、新的需求和新的语言等，使自己从对自身现实性的否定中进化出新的品质。人性的转变从外在角度来看是来自社会的影响，从内在角度来看则意味着“人的本质”作为潜能获得了新的、进一步的现实化呈现。在此意义上，人性与本文前面所谈论的人的社会性是同一的，都是人的类本质的实现，包含了具有一定现实化程度的人类共同特性。

在此，本书试图对“人的本质”和“人性”的概念进行一种严格的区分，用以处理一些概念混用可能造成的问题。虽然这种区分可能无法得到广泛的认同，也略显简单粗暴，但仍要做出这样的尝试。本书将严格地把“人的本质”概念视为本体论意义上人所具有的普遍本质，这种本质是永恒不变的，是一切人的根本属性。“人性”概念则更多是一种伦理学的用法，指代了人在特定历史社会中所拥有的各种共同特性，是人以一定的价值观立场对自身或他人思想和行为予以善恶属性的判断。两者简单区别如表 2 所示：

表 2　人的本质与人性的区别表

概念	类别	特征	内容
人的本质	本体论范畴	普遍的、固有的	人的类本质
人性	伦理学范畴	相对的普遍性和稳定性、内容复杂可变	人的社会性、其他经验层面的共同特性

依据这样的概念区分办法，人的本质应是普遍的、固有的本体论范畴。那么，真正符合这种标准的只有人的类本质，即人以普遍性为对象的对象性本质。人的类本质作为人之为人的标准，区分了人与自然界、人与他物，也使人认识到自身与他物的区别，并在此基础上建立起人与自然、与社会和与自身丰富而普遍的联系。而人性只是具有相对普遍性和稳定性的人类共同特征，是可以予以价值判断的伦理学范畴，其内容是丰富的、可变的，从其内容来看，人性是社会性的，具有文明的特征。在日常所说的人性概念中，那些不具有社会性的人的一般自然需要不应被归属于人性的范畴。这样一来，我们就可以说，人性是整体上向善的，因为所谓的人性之恶实际上并不是人性，而只是人性趋向于动物性的堕落。在马克思人的本质思想中，除了被人们通常阐释为人性的人的社会性，其他经验层面的共同特性，如意识性、实践性等，都具有相当程度的普遍性和稳定性，这些特性在社会历史中都展现出多样化的内容，因此也属于变化着的“人性”的范畴。无论“名垂青史”的善还是“遗臭万年”的恶，或者“不见经传”的平庸，人性都蕴含着主体某种价值性的判断，并有着追求自身普遍性的根本倾向，是以“类”为最高价值追求，以自身类本质的实现为根本目的的。那些被歌颂为大公无私、舍己为人的善良品质，都不是从个体本位进行的价值判断，而是从类的层面对个体属性进行的价值判断。因为只要人性存在，人就希望能够实现自身最大、最普遍化的价值，获得社会的认同。

这样一来，“人性”和“人的本质”概念就有了一个较为清晰的区分。经此区分之后，许多围绕“人性”和“人的本质”的困扰或许能够在一定程度上得到融贯和消解。在过去，一些学者所讨论的“人的本质”或“人性”概念往往呈现出“无限可塑论”和“永恒不变论”的两种尖锐矛盾，两者似乎很难调和，这也是对马克思的人学立场出现本质主义和反本质主义两种截然不同解读的缘由之一。实际上，无限可塑的都是具有一定程度现实性、社会性的“人性”内容，永恒不变的则是人固有的本质——人的类本质。当这两个概念还在混用状态时，这两种截然不同的解读在逻辑上都有其合理性。只不过，在这些解读中往往涉及相关概念在内容边界上的混沌不清，也就无法很好地把唯物辩证法彻底贯彻于对马克思人性或人的本质思想的理解之中。

二、辩证的人性观

马克思对“人性”的理解是辩证的，克服了以往哲学对人性的纯粹抽象理解和对人类整体性生命的割裂，还给了人之为人最真实的面目。马克思一切理论的出发点都是基于现实的人，现实中从事着劳动实践的、拥有具体生活中的人在其属性上是类本质、社会性以及个性的辩证统一。因此，要理解现实的人性，就应当抛弃那些非此即彼的割裂论调，将辩证法真正融入社会历史领域，才能体现马克思人性思想中所揭示的正确社会观、历史观、价值观，使马克思的人学思想对人的生成、发展和完善起到观念上的解放作用。

一方面，现实的人是本质与存在的辩证统一体。在马克思的思想中，人性的面貌与人的社会性密切相关，人性的复杂变化时刻都在发生着，全面表现在人类漫长的历史发展和社会变迁之中。首先，人是有意识的、自由的存在物，通过实践改变自身的存在方式和现实性本质。在《哥达纲领批判》中马克思甚至认为每个人从本性来讲都是不同等的。“劳动者的不同等的个人天赋，从而不同等的工作能力，是天然特权”。[1]这无异于肯定了人生而不同。其次，人也生而相同。人的类本质作为潜能在人诞生之日就决定了他们要不断对象化世界而获得自身现实性成长的过程。在马克思的理论体系中，他也始终没有抛弃这种普遍的“人的类本质”概念。“人的类本质”不但是他早期讨论自由意识哲学、批判异化劳动时使用的一个认识论范畴，而且属于真正本体意义的“人”的概念。马克思在对过去思想家不同人性观的继承与批判中，发现了世界以人为中心建立起的普遍联系。人与对象普遍联系的这一主客观事实，指示着人的类本质，这种永恒的、不变的，一切人所蕴含的根本属性是一条贯穿历史唯物主义的隐藏线索。可以说，整个人类的历史都是人以辩证的方式对象化世界和自身，从而获得主体更大普遍性的现实化过程。

另一方面，人的现实性与类本质之间的关系也是辩证的。

[1] 《马克思恩格斯文集》（第3卷），人民出版社2009年版，第435页。

人的类本质作为人普遍性存在的表征，也是人类无限自为的体现，注定了人自我决定的过程，也决定着人自身存在的主体性构成了对世界现实性的否定之否定。亚里士多德曾把存在分为两种，一种是潜在的，一种是成全的。潜在或潜能是事物内在的可能性，代表了事物自我实现的一种特征，也是事物所具有的一种要超越它在无中介状态下的直接状态的需要。潜能现实化或实现的过程,则是事物内在潜能得以实现的一种动态过程。用辩证法说，可以称之为主体的客观化。主体客观化的过程暗示了事物本质和主体之间内在的辩证关系。马克思“人的类本质”概念正是指代了这样一种属于人的潜能的存在。人的类本质是人潜在的存在，是一种人的质料性因素，并不是已经完全实现的事实，也不具有直接现实性，必须通过以实践和思维为中介的“潜在的存在的成全”，即潜能现实化运动，才能获得其现实的各种经验性形式，才能形成人性。可见，人的类本质是人性既稳定又复杂的原因，也是人类历史发展的根源所在。人的类本质是只能被实现而不可被改变的，正如人的生命只能被享有而不能被拥有一样。因为人的存在是一个过程，此过程中人的本质与存在相互作用的矛盾统一体——现实的人，就在实现其本质的过程中不断发生着人性善恶的变化。

自人类社会诞生以来，社会文明的增长和积累使人们不再只依照残酷的自然法则行事，人们还要时刻遵守心中的道德律和强制的法律，约束自己的思想和行为。社会化的过程也是人类文明化的过程，在此过程中，虽然“人来源于动物界这一事实已经决定人永远不能完全脱离兽性。所以问题永远只能在于摆脱得多些或少些，在于兽性或人性的程度上的差异”。〔1〕但人至少一直都在努力。社会对个人的教化作用使人一直在尽力摒弃人性中那些更倾向于动物性的恶，尽力在构建人类物质文明的同时也塑造起相应的精神文明，使人的发展在主客观的双重层面上发出着改变，创造了属于文明人的社会历史。可见，人性是普遍向善的。

总之，“人性”与“人的本质”是两个貌似重叠、经常混用但并不是同一个概念。本质表明一事物区别于他事物的最根本的特性，人的本质就是人的各种特性中最根本的那个属性，在马克思看来，就是人的类本质。正是因为人具有类本质，具有以普遍性为对象的对象性本质，人可以从整个世界中区分出自己，从而进一步区分万物。而人性的内涵则是丰富而多变的，不是某一单独属性所能界定的。人性是包含了除人的本质之外的人类共同属性的总和，并始终携带着主体的价值判断基因。显然，“人性”的概念范围比“人的本质”更大。一般来说，在思考和回答“人是什么”的问题时，既要把决定人之为人的那个根本属性——人的本质揭示出来。也应当把那些人所共有的一般属性——人性展示出来，只有这样才能真正地、全面地认识人，获得对“人”的概念的辩证理解。

在马克思的文本中，他从社会角度所断言的人的现实性本

〔1〕《马克思恩格斯选集》（第3卷），人民出版社2012年版，第478页。

质——一切社会关系的总和，是包括了经济关系、生产关系、政治、法律、道德、宗教、科学艺术等一切关系的全面而丰富的内容。这些关系的发展势必影响着现实人性的发展，但其发展的原因、过程和结果却是由人的类本质所决定的。因此，人性总是具有现实性，人的类本质则是需要进一步实现的潜在性概念。抽象地谈论人性，既不科学也无意义。在马克思这里，人性不是永恒不变的，人的社会性使人性随着社会历史的变化而变化，随着社会生产力的发展而发展。人类之所以能够建立起高度文明的社会，从根本上来说，有赖于生产力的提高和生产方式的创新；换而言之，有赖于人类对象化能力的日益普遍化和现实化。人具有类本质，类本质的潜在性使人既能把握到事物现实存在的特性，又能把握潜在的本质，这是人对事物现实性与可能性的把握，不仅表现在人对自然的把握，还表现在人对自身的把握；不仅表现在人能够根据自然的潜能去改造自然中的各种存在物，还表现在人能够根据自己的潜能去改造自己的存在状态。因此，人是潜能与现实、本质与存在的统一，也是人的本质与人性的统一,是人的类本质与辩证人性的统一。在马克思所构建的历史唯物主义社会体系中，他所关注的人，正是作为潜能的人的类本质与其现实化人性特征共同充实而成的人，是一个个似乎具有一般神灵化理想形象却又满满填充了社会现实的物质生产元素，是普遍抽象却又具体丰满的人！

第六章

作为潜能的人的类本质的现实化

马克思“人的类本质”概念展示了人以普遍性为对象的对象性本质，这种本质与现象相区别，它不具有直接的现实性，需要通过一定的中介活动，以外化或现实化的方式才能得以实现。用亚里士多德潜能与现实学说来讲，人的类本质就是作为人的潜能而存在的，但它并非纯粹的抽象物，也不是概念上的预设，而是一种客观既定的质料。作为“类”的人是一切多样化的人的“原材料”，原材料是永恒不变的，现实化后的“成品”即现实的人却是特殊的、具体的、多样化的，这不仅表现为人的存在状态在历史中是变化的，单个个人在其人生的不同阶段中也具有很大的变化性、可塑性。从人类历史的过去到现在，人的的确确发展了自身、改造了自身。作为历史的产物，人不断创造着属于自己的历史；作为社会的产物，人不断创造着属于自己的人类社会。可以说，人自身就是人的自然产物，历史和社会无非就是人在其潜能现实化过程中自我实现的阶段性结果，因为“历史是人的真正的自然史”[1]“整个所谓世界历史不外是人通过人的劳动而诞生的过程，是自然界对人说来的生成过程，所以，关于他通过自身而诞生、关于他的形成过程，他有直观的、无可辩驳的证明”。[2]

作为一种潜能，人的类本质至今仍处于尚未获得成全的非完满状态之中。由于受动于特定社会历史环境中主体与客体关系的有限性，受制于人类对象性活动能力即社会生产力发展水平的束缚，人在自我创造的过程中获得的现实性也是有限的。这样一来，在作为潜在存在的人的类本质与现实的人的存在状态之间，就始终存在着颇具张力的矛盾关系，这些矛盾关系共同构成了现实的人普遍存在的内部矛盾：

（1）人的普遍性与现实性的矛盾：人的类本质表征着人是类存在物，以普遍的方式而存在。而现实的人，无论个体还是个人，其存在都是具体的、特殊的，总是具有难以突破的局限性，时刻影响着自身类本质的实现状态，也就时刻影响着人与自身、与社会、与自然关系的和谐程度。

（2）人的主体性与对象性的矛盾：在一切对象面前，现实的人是主体，一切对象都是“为我而存在”的。但人的类本质却是对象性的，“人只有凭借现实的、感性的对象才能表现自己的生命”。[3]因此人的类本质的实现依赖于对象，依赖

〔1〕 马克思：《1844年经济学哲学手稿》，人民出版社2018年版，第105页。

〔2〕 马克思：《1844年经济学哲学手稿》，人民出版社2018年版，第89页。

〔3〕 马克思：《1844年经济学哲学手稿》，人民出版社2018年版，第103页。

于对象为主体提供的现实确证。而对象却总是外于主体而存在的，这就使作为主体的人始终表现出对外物、对对象的追逐，形成了人类无尽欲望的根源。

（3）人的无限性和有限性的矛盾：人的类本质决定了人永远追求着对象，依赖着对象，拥有对对象的无限需求，也具有对对象无限占有和改造的本质力量。但是，在某种特定的社会历史环境中，受主客观局限性的约束，真正为我而存在的、可以进入人对象性活动领域的对象总是有限的。这一方面造成了社会中针对某些有限对象所产生的人与人之间主体性矛盾冲突的频发，从而不得不利用道德和法律来对相应的社会关系进行调节，形成保障社会有序运行的秩序机制。另一方面，现实中对象的有限性也促使人们不得不力图去突破自身和对象的局限性，要么想方设法提高自身的对象化能力、提高社会生产力，或者转移、压抑甚至消除自身对某种特定对象的需要，培养禁欲、节制的美德；要么则对已有的对象进行进一步的改变和创造，开发对象的潜能并使之成为符合需要的现实，从而不断满足人类自身对对象的无限需要，也为人的自由全面发展提供条件。

这些人的类本质与现实存在状态之间的张力关系，构成了人的内部矛盾，就是人内在的根本驱动力，决定了人能够在不断扬弃对象的现实性、改造世界的同时，也不断扬弃现实的自身、发展自身，不断通过开发对象的潜能而获得作为潜能的人的类本质的实现。作为人的类本质实现的中介，无论是主观领域的意识（同理性、意志等概念）还是客观领域的实践（同生产、劳动等概念），人所特有的对象性活动是人的类本质现实化的主要方式。虽然意识或实践常常被人们用来作为区分人和动物的标志，但是意识和实践活动本身并不能脱离主体的内在因素而存在，离开主体的对象性活动是无法展开的，没有一代又一代现实的人，历史也将沦为一个无主体的过程。因此，一切活动的原因还是要回归于主体本身，人的意识或实践活动的原因也要回归于真正的人，回归于人不断实现着的、作为潜能的人的类本质。

一、作为潜能的人的类本质

“潜能”（δΰνăμις）概念最早来自亚里士多德。潜能和现实作为万物运动的两重本质，包含着深刻的辩证法思想。“潜能”概念既表示某种能力，也表示某种潜在性，是能力未进入运用的状态，因此“潜能”既是“能”又是“未能”。“潜能”所示的能力还包括了主动和被动两个方面，既是“能”，也是“被能”，它既有能够使另一事物发生变化的能力，也有事物本身能够从一种状态向另一种状态转变的能力。〔1〕在关于人的问题上，人的类本质与人的现实性所构成的人的内部矛盾就是人既“能”又“未能”还可以“被能”的潜能所在，是人的本质需要和本质力量的源泉。马克思认为，每个人都拥有力量

〔1〕 参见［古希腊］亚里士多德：《形而上学》，吴寿彭译，商务印书馆1959年版，第192—210页。

和需要，其中一些是“自然的”，另一些则称之为“类的力量和需要”。这种类的力量和需要是人所特有的，也是本质性的，它使人作为一个“类存在物”而超越于动物、超越于自然界。因此，一方面，人的类本质作为一种潜能尚未获得完全成全的“未能”，体现了人现实存在的有限性；另一方面，人的类本质也意味着人“能”，人具有能够突破自身和他物现实性界限的本质需要和本质力量。

1. 人的本质需要

“需要”的概念与“缺乏”有关。在潜能与现实学说中，潜在性就是一种缺乏，缺乏决定着运动的方向，同时也意味着朝着这个方向运动的可能性。当“需要”的主体是人，客体则是人所需要的对象。当人缺乏对象的时候，就产生了某种需要。

在现实中，人的需要首先是一般的生存需要，但人的生存需要具有“人”的特征，其超越于动物的生存需要，更多地则表现为对对象普遍性和丰富性的追求，这种生存需要的“人”的特征是由人的类本质的对象性所决定的。并且，人有对具体对象和普遍对象的客观需要，他们的需要还总是能够被自身感受到，因此这些需要常常以欲望、目的、理想等主观形式表现出来。人们通常将自身的需要理解为主观的、意识性的倾向，甚至将一些较为低层次的欲望视为思想观念上的罪过与邪恶。实际上，人现实或潜在的需要决定了他会产生什么样的欲望主体。人，其本质是对象性的，人的现实存在则总是朝向外界的，“他的欲望的对象是作为不依赖于他的对象而存在于他之外的；但是，这些对象是他的需要的对象；是表现和确证他的本质力量所不可缺少的、重要的对象。”〔1〕因此，人始终处于从外界寻找其欲望对象的过程之中，并且往往求而不得。因为从本质上来说，人以普遍性为对象，人对某物的欲望也被意识加工整合成了一种对想象的、抽象的普遍存在物的需要。但人在现实生活中所面对的某物总是具体的、特殊的，即使符合普遍性的标准但也与意识加工的抽象理想概念相区别。于是，人的欲望常常找不到或弄错了他们真正所追求的对象。对象对人来说永远都是缺乏的，所以人的欲望也就无穷无尽。人们从事意识和实践活动的根本目的与动机就与这种“缺乏”有关，这种缺乏是客观存在的，因此人的本质需要也是客观存在的，其构成了人类对象性活动的直接目的与动力。

在马克思对“需要”的理解中，人的需要包含了多种类别：自然的需要、社会交往的需要、自由创造的需要、美的需要，甚至一些激进的需要等等。判断哪些需要是人的本质需要则应该以人的类本质为标准。例如，有的学者把吃、喝、住、穿等一切人始终具有的共同基本需要视为人普遍的本质需要。这种观点显然没有把人和动物明确区分开来，忽略了人作为社会存在物其需要的社会性，也忽略了人作为类存在物其需要的普遍性。人的共同基本需要，哪怕是最基础的吃、喝、住、穿，都会以实践性、意识性或社会文化性为特征与动物区别开来。

---

〔1〕 马克思：《1844年经济学哲学手稿》，人民出版社2018年版，第103页。

但这种具有社会特征的需要只能被视为人的本质需要的一个面向。因为社会性的呈现源自人的类本质的现实化。例如，食物可以通过各种方式被获取和提供，人类不满足于动物式的对食物的直接占有，而是要在占有食物的同时，还要对作为食物的对象的普遍性和特殊性进行把握，并进一步对食物的直接现实性进行加工和改造，使之能够更好地满足人的其他需要，如健康的需要、文化需要、美的需要等。人会思考哪些是食物，哪些能够成为食物，或者说哪些食物的营养更有益于健康，以什么样的方式食用会更文明和美味，更有助于社交、有利于获得他人认同等。人对食物性质特征的把握和加工就是在对其分类和改造。通过这种改造，人和作为食物的对象之间的关系才能达到自然的和谐，从而使主体的人在对象性活动中感受到实现自身类本质的极致体验。

在生产的问题上，动物的“生产”直接满足自己的肉体需要，而人的生产却是全面的。人的生产不完全直接受肉体需要所支配，甚至不受肉体需要的影响也能够进行生产。马克思甚至认为，这种不直接受肉体需要影响的生产才是真正的生产。[1] 同理，只有不受肉体直接决定的需要才是真正属于“人”的需要。例如，在人类实践所能够达到的真、善、美三种不同的境界中，美是居于最高层次的。“美”是人对自身本质力量的创造性和无限性追求的深度表征，最高程度地肯定了

---

〔1〕 马克思：《1844年经济学哲学手稿》，人民出版社2018年版，第53页。

人的自由。因此，人有“美”的需要，这是本质需要。当我们在理解马克思“人的本质需要”概念时，应该把人身上所具有的纯粹动物性需要都排除在外。当然，这并不意味着人应当忽视对自身一般生物性需要的满足，而是要脱离“低级欲望”，脱离这些需要中“非人”的特征，也就是说，人们应当正视自身的一般需要，尽力追求以一种更具有“人”的特征的方式来满足这些需要。

然而，在现实中，饥饿还是饥饿。世界上还有很多人忍受着与本质需要无关的纯粹的饥饿和痛苦。根据《2022年世界粮食安全和营养状况》报告显示，2021年全世界约有23亿人（占世界人口约30%）面临中度或重度粮食不安全状态。共有约7.02亿到8.28亿人受饥饿影响。预计到2030年，全世界仍将有6.7亿人（约占世界人口8%）处于食物不足的境地。〔1〕可见，在自然面前，人类整体的生存状态仍是不容乐观的。这些饥饿的人所需仅仅是最低层次的生存，这种需要是一切有生命的存在物的共有的需要，满足这种需要也是一般生物所共有的基本权利。基本的生存需要显示出可供人类生存的对象的“缺乏”。究其原因，除了自然因素，也有社会因素。受饥饿影响最为严重的一般是经济较为落后的国家和地区，依次是非洲（总人口20.2%）、亚洲（总人口9.1%）和拉丁美洲及加勒比地区（8%），这是由于这些国家或地区中“类”的代理

〔1〕 参见：2022《世界粮食安全和营养状况》报告，载世界粮食计划署（WFP）网。

人与自然的关系长期处于一种水平低下的，或不良的状态所导致的。由此亦可见，在某个特定社会中，人的需要的发展水平与状态与该社会生产力发展水平是密切相关的，在生产力低下的社会中，人们最主要的需求仅仅只是生存的需要。在物质丰富、经济基础较好的国家和地区，人们所表现的需要则更具有社会文明的特征。因此，只有调节好人与自然之间物质性交换的基础对象性关系，发展和提高生产力，使低级的生存需要获得最充分的满足，人才能获得进一步实现自身潜能的基本物质前提。

在马克思主义学界，也有学者把人的需要等同于人的本质或本性。例如，洪波就把人的需要作为区分人和动物的根本标志，她认为“人的需要即人的本性”。[1]但是，“需要”与“本质”属于不同的概念。即使把具有类特性的需要作为前提而视为本质，这也与把类本质等同于意识、实践或社会等的解读方式如出一辙。“前提”“特性”都应与“本质”概念相区别。我们必须承认人的需要与人的本质的密切相关性，但不应把与“人的类本质”密切相关的现实化特质、属性、状态或运动方式与“人的类本质”混为一谈。

依据第三章所得出的马克思“人的类本质”概念的内涵，人最本质的需要就是对象化需要。更准确地说，是人能够在更普遍意义上更广泛地占有对象普遍性的需要。人的类本质作为

〔1〕　参见洪波：《马克思个人理论的整体性与当代性研究》，浙江大学出版社2015年版，第67—70页。

一种潜能实际上为人设立一个内在的标准，规定了人必然通过对象性活动来实现自己、展开自己的生命过程。这是一个抽象的“类”以具体形式表现出来的辩证过程。正如海勒（Agnes Heller）指出的那样，客观化、对象化的能力是人类最大的需求之一，这是马克思把劳动发展为“生命需要”的概念的基础，继而也使实践成为决定性因素。〔1〕因为这种对象化的能力只有在实践中才能获得现实化。在马克思所批判的异化劳动中，这种本质需要受到抑制的情况就非常明显，工人能够明显地感受到他的劳动是不属于他的，他劳动的对象不是他所追求的对象，而是强加于他的、异己的、片面的对象。劳动本应是人自我发展、自我创造的活动；异化劳动却成为人自我限制、自我否定的活动。人本身应该通过劳动而成为真正的人，工人却通过异化劳动成了“畸形”，成为“动物”。因为工人仅仅在吃饭、睡觉这些动物性活动时才感觉自己是自由的，而在真正应该是自由的、有意识的对象性活动中，工人却感觉自己是受到限制和束缚的，毫无自由可言。作为劳动的结果，工人更是无法占有这些对象，他们只能获得工资作为补偿，以维持自己的基本生命需要。工人通过异化劳动仅仅满足了自身作为一般生物的基本生存需要，而他们作为人而具有的本质需要却长期压抑无法获得满足，现实的人沦为了“动物”，他们的存在也就与自身的类本质相异化了。

---

〔1〕 See Agnes Heller, *Theory of Need in Marx*, London: Allison & Busby, 1976, P42.

作为潜能的人的类本质还规定了人需要不断在对象性活动中占有和确证自身，表现为人不仅要生产自身还要生产整个世界。整个世界对人来说都成了对象，只有这样人才是真正自由地面对着世界。因为人不但需要改变对象的现实性，按照任何一个“类”的尺度来进行生产：而且需要被对象所改变，在对象主体化的过程中不断提高自身的本质力量，完善和发展自身，创造属于人类的历史。“凡是有某种关系存在的地方，这种关系都是为我而存在的”。[1]语言、文化，包括社会关系等皆是如此，都是人在自身对对象的普遍性需要中产生的、是实践的结果。因此，人最本质的需要也是不断建立自身与外界普遍性联系的需要。在社会中，这种需要就是建立人与人之间普遍关系的需要，即普遍交往的需要。一切联系和关系的建立都通过对象性活动来完成，与人自身本质力量的发挥是相一致的。总之，人天生就具有“全面自由地”进行对象性活动、建立普遍联系，并在此过程中不断提高自身本质能力的需要。

2. 人的本质力量

人的类本质作为潜能，除了对人的本质需要的规定，还意味着人具有“类”的本质能力，这种能力就是人能够对自身和外物的普遍性进行对象化的能力。在《手稿》中，马克思还把人定义为“一个有生命的、自然的、具备并富有对象性的即物

---

〔1〕《马克思恩格斯选集》（第1卷），人民出版社2012年版，第161页。

质的本质力量的存在物”[1]，其中，“有生命的、自然的”是人存在的自然前提，而“具备并富有对象性的即物质的本质力量”则蕴含着他在亚里士多德潜能与现实理论范式下对作为“类存在物”的人的本质力量的阐释。

马克思把人视为这样一种存在物，“作为自然的、肉体的、感性的、对象性的存在物，同动植物一样，是受动的”。[2]一方面，人的自然性和肉体构成了人类存在的基本物质前提。另一方面，作为现实的、感性存在的人，其本质却是对象性的，但人的对象却是作为不依赖于他的对象存在于他之外。无论在客观自然还是主观世界，人所追求的普遍性对象都不是直接给予人的，在此意义上，人是受动的、受制约的生物。这种受动、受制约的存在状态与人追求无限对象的自由本质是相冲突的。于是，受本质需要的驱使，在强烈欲望的推动下，人激发了自身对象化的潜能，通过对象性活动自我外化而创造出一个现实的、以外在形式表现出来的，现实中不依赖于他的、日益强大甚至能凌驾于人的本质之上的对象世界。也就是说，拥有如此本质力量的人在对象性活动中把自己的对象性本质转化到异己的对象之中。人类满足自身本质需要的过程就是人的对象主体化的过程，这个过程是人的外在自然与内在自然的辩证统一。

人的本质需要使人的类本质外化为对象性的现实力量，进

〔1〕 马克思：《1844年经济学哲学手稿》，人民出版社2018年版，第101页。

〔2〕 马克思：《1844年经济学哲学手稿》，人民出版社2018年版，第103页。

入到社会领域中后，则成为社会生产力的现实。在人与自然、人与社会以及人与自身的对象性关系建立起来之后，一切对象对人来说都成为自身的对象化，也成为对自身本质的确证和实现。也就是说，对象成为人的本质力量的一部分，对不同对象的占有和不同本质力量发挥就造成了现实中不同个人特殊的、具体的面貌。一方面，对人来说如何成为对象，既取决于对象的性质也取决于与之相适应的人的本质力量的发展水平。这表现为在人的对象性活动中，主体本质力量所能达到的水平受到了来自主客体双方客观性的限制。另一方面，人的本质力量通过对特定对象的占有而获得确证。“任何一个对象对我的意义（它只是对那个与它相适应的感觉来说才有意义）恰好都以我的感觉所及的程度为限”。〔1〕有乐感的耳朵才能欣赏美妙的音乐，艺术家的眼睛才能发现美景。特定社会中人的本质力量呈现出个体的差异，正是由于每个人对对象的选择是有偶然性或偏向性的，这种偶然和偏好本身往往也受到主体既往占有对象的影响。总的来说，就是受其社会关系的影响。例如，一个人的爱好和特长常常是受家庭和社会环境熏陶而形成，在其特长稳定形成之后，他对某一类特定对象的识别和加工能力将明显高于他人。可见，正如马克思在《哥达纲领批判》中所言，每一个劳动者都具有不一样的天赋，个体的对象化能力是有差别的，但这种差别本质上是同一的，都是潜能在现实个体中特

〔1〕 马克思：《1844年经济学哲学手稿》，人民出版社2018年版，第84页。

殊化的呈现，也是人在本质能力上的不同偏向性。

个人本质力量的差异、劳动者天赋的差别，使人无法作为个体独立处理与自然的普遍对象性关系。人需要以整体的形象矗立在自然面前，他们在“类”的内部，即社会中彼此需要，分工和交换便顺应这种需要而产生了。“分工和交换是人的活动和本质力量——作为类的活动和本质力量——的明显外化的表现”。[1] 分工和交换大大提高了生产力的水平，推动了人类普遍化能力的提高，也使人与人之间建立了更为广泛的、普遍的联系。人们不仅仅以独立个体或小范围集体成员的身份去面对世界，而是以社会、国家甚至人类的整体形象而行使着对象化能力。“个体生命所凭借和发挥的，实际是人的合成生命即人的大我的类能量，是内化于人自身的外部世界的强大力量”。[2] 因此，人的本质力量最重要的内容表现为“能群”：人能够结成社会并在社会中与他人一起，共同凝聚成强大的社会生产力——那种现实的类力量，为孤立的人类个体创造了条件，使之有可能在更高的、更普遍的层面实现自身的需要和本质需要。

3. 人的类本质与生产力

在一切人的本质力量中，马克思最感兴趣的当然是生产力（productivity）。生产力原本是一个古典经济学的概念。第一

〔1〕 马克思：《1844年经济学哲学手稿》，人民出版社2018年版，第135页。

〔2〕 高清海、胡海波、贺来：《人的“类生命”与“类哲学”：走向未来的当代哲学精神》，人民出版社1998年版，第40页。

个提出“生产力”概念的是18世纪法国经济学家魁奈（Francois Quesnay）。后来，英国古典经济学之父亚当·斯密（Adam Smith）在其《国富论》中系统地阐释了劳动生产力理论，认为劳动生产力是分工发展的结果。大卫·李嘉图（David Ricardo）继承了亚当·斯密的“劳动生产力”概念。受前人启发，法国古典政治经济学家萨伊（Jean-Baptiste Say）受前人启发，提出了“资本生产力”的概念。西斯蒙第（Sismondi）则从不同侧面对生产力进行了研究。但是，此时英国古典经济学家们的生产力概念还是一种原初的物质生产的内涵，主要停留在对生产力的直观认识上，没有揭示出生产力与其他因素之间的内在联系。到了19世纪初，德国思想家李斯特（Friedrich List）开始批判英国、法国古典经济学家的劳动价值理论，提出了他自己独立的生产力理论。他把生产力译为produktive Kraf和复合形式的Produktivkraft，意为“生产财富的能力”，这种定义体现了人类能力的发挥,一定程度上是发生学意义的、潜在的创造性能力。李斯特还认为生产力是物质生产力和精神生产力的总和，是各种精神、智力和一般生产能力的结合”。但这种对精神生产力的强调导致了生产力概念的泛化，也使李斯特没有准确把握生产力和生产关系之间的根本联系，无法看清历史发展的真正动力。不过，从李斯特起，生产力的概念开始进入了马克思所处时代的德语语境，从而被马克思所认识、思考，并赋予其新的内涵。

众所周知，英法德的古典政治经济学对马克思后期的理论影响十分深刻。马克思文本中最早涉及生产力概念是在 1843 年到 1844 年的《巴黎笔记》中他摘录了亚当·斯密、萨伊的法译文著作和李斯特的德文著作，当翻译法文中的“劳动生产力”概念时，他多数采用了德文 produktive Kraft der Arbeit，这种译法很接近李斯特的 produktive Kraf 或 Produktivkraft。在德文中，produktive 除了“生产”的意思还有“创造性”的含义。可见，马克思最初对生产力的理解也蕴含了劳动所具有的创造性能力或力量。这种方式的理解也在《手稿》中有所体现，只不过，在这一时期，马克思更多的是在人本主义的框架下讨论相关的问题，并没有明确对生产力概念进行理论上的准确把握。在《手稿》中，他关注劳动的意识性和创造性，把人的自由有意识的劳动提升到人的类本质的高度，并以此批判资本主义私有制下劳动异化的状态。劳动作为人的类生活，其主体是具有一定普遍性的社会个人，而并非单一的个体。特别是在资本主义生产方式下，生产力完全表现为一种不依赖于各个人并与他们相分离的东西，因为生产力只有在个人的交往和相互联系中才能够获得类的普遍性，才是真正的力量。[1]马克思的这种理解超越了当时资本主义社会的历史局限性，把生产力带入了更广泛的历史环境之中。

在英文中，productivity 对应形容词 productive、动词 produce，词源源于拉丁文 producere，pro 是“向前”的意思，

---

〔1〕 参见《马克思恩格斯选集》（第 1 卷），人民出版社 2012 年版，第 208 页。

ducere 则意为“指引”。可见，在英语中，生产力概念本身蕴含的创造性并非无中生有的，而是将已有的、潜在的东西引导着向前发展。那么，对于人来说，这种潜在的东西究竟是什么？人的类本质已经给出了很好的答案，那就人的本质需要和本质力量。“生产力”概念蕴含着的有方向的创造性，使得这一概念从一开始就带着历史行进的痕迹。当古典政治经济学在理论上试图以生产力概念为人们呈现资本主义社会经济现象时，他们就忽略了这一最重要的东西——历史。马克思的历史观是从直接生活的物质生产出发来阐述现实的生产过程。他正是通过对“类”的主体性和潜在性的引入，并将之埋藏于历史的维度之中作为线索，才最终在生产力的概念基础之上构建出诠释和批判现实的科学——历史唯物主义。在《德意志意识形态》中，马克思开始大量在理论建构的意义上使用生产力的概念。有学者统计，马克思在《德意志意识形态》中使用了 74 次 Produktivkraft。〔1〕他从人与自然的历史关系和人的类本质的潜能现实化的角度来理解生产力，认为“工业可以被看作是大作坊，在这里人第一次占有他自己的和自然的力量，使自己对象化，为自己创造人的生活的条件”。〔2〕此时，他对“生产力”概念的理解已经趋于成熟。

到了《资本论》中，马克思从不同角度、不同侧面对生产

〔1〕　参见张福公：《青年马克思的生产力概念及其哲学意义再探》，载《哲学动态》2016 年第 5 期，第 21—28 页。

〔2〕《马克思恩格斯全集》（第 42 卷），人民出版社 1979 年版，第 257 页。

力概念进行具体的呈现。他写道：“生产力当然始终是有用的、具体的劳动的生产力，它事实上只决定有目的的生产活动在一定时间内的效率”。[1]这是马克思在讲商品的二重性与劳动的二重性时提到的生产力，是属于具体生产力的概念，属于劳动的具体有用的形式。“具体生产力”之所以具体，那是因为与之相对应的是“一般生产力”的概念，一般生产力不以具体的形式存在,而是一般意义上具有的无差别的生产商品的能力。但即使不与一般生产力相对比，具体的生产力实际上也并不真正的具体，它也是以某种具有局限性的“类”为存在状态的，即以某一类人作为普遍性主体而具有的现实化能力。因为具体生产力的概念主要指代了某一类人因为具有特定的生产经验和劳动技能，或者具有特定性质的劳动资料和劳动对象从而拥有的本质能力。由此可见，区分具体生产力和一般生产力概念的标准是生产力所普及的人群范围,即人类普遍性的现实化程度。此外，在《资本论》中马克思还使用了“自然生产力”“社会生产力”“资本生产力”等多达十余种具体的生产力概念。每一种生产力的概念都从不同角度、不同侧面反映了人类利用自然、改造自然、从自然界获取人类需要的物质资料的能力，这些生产力都具有共同的对象性本质——是人将自身置于人与自然的对象性关系之中所展现和发挥的创造性能力。

马克思对生产力概念的理解和诠释经历了一个从政治经济

[1] 《马克思恩格斯文集》（第5卷），人民出版社2009年版，第59页。

学到哲学再回到政治经济学的思想发展过程，他从一开始学习和继承古典政治经济学的生产力概念，再在《手稿》阶段人本主义哲学的框架下，以人的类本质为援引，对生产力作出了人学意义的指认和劳动异化的批判。随着后来马克思对经济学研究的深入和现实逻辑的发展，他将自己重新诠释的生产力概念运用于自己后期的经济学批判之中。在历史唯物主义的视域下，马克思最终揭示了人类对象化能力的现实形式和历史发展规律，即作为潜能的人的类本质在其现实化过程中产生的普遍性本质力量——生产力，在与生产关系的相互作用的矛盾运动中展开了一个人类历史发展的总体过程。马克前后思想中对“生产力”概念的思考和把握是连贯的，并没有任何突然的断裂和转向。

实际上，马克思一般生产力的概念已经展示了后期多种生产力概念的共同本质，那就是人们利用自然、改造自然、从自然界获取物质资料的能力，也是实践活动作用于客观物质世界的对象化能力。“生产”与“实践”本质上都属于对象性活动的范畴。“实践”作为人所特有的对象性活动，是以生产力的发挥为动力和内容的。由于马克思还使用过“类力量”〔1〕这样的概念，因此，作为区分，“生产力”的概念只适用于目前人类在其对象性活动所能达到的较高普遍性范围之内，即人在特定社会、群体或某个行业、某一方面的活动中所表现出的物

〔1〕　马克思：《1844年经济学哲学手稿》，人民出版社2018年版，第98页。

质性对象化能力。在人类历史的现阶段，因为集团对社会的分割，社会对类的分割，生产力的发展总体上仍然被局限在某个较大普遍性的范围之内，如某个国家、区域、某个领域、行业等，还没有真正达到“世界性”，没有达到整体人类本质力量的最高普遍性状态。即使在理论界，人们认为在过去的几百年里，资本主义的不断扩张已经在全球范围内形成了覆盖大多数国家和地区的世界性体系，开启了人的世界历史，生产力也正在获得全球性的特征。但这种全球化并不是一种完全的现实，还存在着相当大的障碍和空场，人类尚未达到“类”的最大普遍性。不过，正如马克思所预言的共产主义社会那样，人类将形成现实的类——真正的共同体，在未来，生产力也一定是属于整体人类的“类力量”。例如，如今人们可能会说“科学无国界”，这正展示了生产力在科学领域的逐步现实化。作为人类创造力的结晶、最先进生产力的代表，现代日新月异的科学技术所形成的科技生产力就一直在不断地突破国家、地区的局限。每一次重大的科技发展都为人类开辟新市场或新的活动领域提供了更先进的手段和工具，这些手段和工具在全球范围的运用提高了整体人类的一般生产力，推动了全球经济的发展，同时也使各国经济更进一步地走向全球化。可以说，科技生产力和经济全球化的发展是同步的，科技的进步正在把人类带入更趋整体融合的新时代。

但是，当今的国际社会尚不是“真正的共同体”，世界各国经济发展水平、军事实力以及文明程度都有着不小的差距，各国国际地位高低不一，政治倾向也各不相同。因此，整体的人类还处于被不同国家、民族和地区分割为各种不同社会的实际状态之中。科学对全球一体化的推进也并不是一帆风顺的，当科技生产力摧毁了一切落后国家的“国界”，并为欧美资本主义强国带来无数红利之后，这些国家又亲手把“国界”重新修筑了起来，表现出强烈的“反全球化”倾向，不仅对新兴发展中国家采取科技封锁的策略，在国际经济贸易中也频频制造贸易壁垒。他们虽然渴望全球范围内的资本自由流动和资源优化配置，但更害怕“类力量”的真正形成。在全球化的浪潮中，各国各地区人们普遍联系的建立，即人类普遍性的现实化走向将使未来脱离他们所能掌控的范围之内，从而对资本主义制度本身产生毁灭性力量。一旦到那时，一旦类力量得到了现实化的极大提高，资本所掌握的生产力的局部优势将不复存在，资本主义的丧钟也将要被敲响！“科技封锁”“反全球化”等资本主义的末日伎俩是无法得逞的，他们无法逆转经济全球化、世界一体化的历史潮流。资本逐利的贪婪本性和科技进步的光明前景不会改变，生产力的发展，也将继续展示出人类普遍发展的现实可能性与历史必然性。

作为可能性，生产力是作为潜能的人的类本质现实化的普遍形式，包含着方向性、创造性与劳动力相统一。生产力和劳动力是两个不同的概念，劳动力既存在于每个具有身体、胳膊、手等自然力的普通个体之中，也是社会个人和人类整体智力和体力能力的总和。“生产力”则不是一个从个体层面来进行定义的概念，而是对整体的人类或社会所具有的物质性对象化能力的界定。生产力在现实中总是表现为与个体或个人相分离的东西。一方面个体所具有的力量是生产力的组成要素，但另一方面，这些力量只有在与他人或外物的普遍联系之中才能成为真正的生产性力量。马克思指出，生产力只有在个人是私有者的时候才是个人的力量〔1〕，因为此时，私有者掌握凝聚而成的他人的劳动，生产力才现实化、具体化成为物的形式。然而这种情况是资本主义社会下异化的情形、是马克思所要批判的现实。在这样的现实中，劳动与生产力不再具有主体的统一性，成为不劳动者的所有物；劳动者失去了劳动的主体性意义和一切现实的生活内容，“他们同生产力并同他们自身的存在还保持着唯一的联系，即劳动，在他们那里已经失去了任何自主活动的假象。”〔2〕可见，生产力只有属于人类整体时才是真正的生产力，当生产力沦为了某些私有者占有和增值财富的工具，那么生产与劳动的主体性连接就形成了某种程度的分离，劳动主体创造力的丧失也将使生产力失去创造性和生命力，从而束缚了自身无限发展的可能性。

作为必然性，生产力的发展是不可停止或逆转的。生产作为人类社会物质资料来源的根本方式，是人在与自然的对象性关系中进行的对象性活动，贯穿了人类发展的整个历史，生产

〔1〕 参见《马克思恩格斯选集》(第1卷)，人民出版社2012年版，第208页。

〔2〕《马克思恩格斯选集》（第1卷），人民出版社2012年版，第209页。

力的发展和人自身的发展是同一个过程。也许有人会质疑，如果生产力不发展，那社会就停滞不前了吗？的确，虽然就整个人类社会发展的历史而言，生产力的不断进步是一个无法否认的客观事实。但就具体的某一时期、某一地区来讲，则并非必然如此。例如，如今尚存的一些原始部落可能经过了千年的历史仍处于刀耕火种的阶段，其生产力长期徘徊在初级的、低下的水平；也会有某个国家的生产力因为种种原因，如自然灾难、战争等导致生产力发展的突然中止甚至后退。但如果从人类历史的整体来看，文明的发展始终伴随着生产力的进步，两者的方向性是一致的。如果生产力发展停滞了，人类自身就很难有什么显著的进步，整个人类社会也将日渐僵化而趋于衰亡。

当然，还有可能出现的情况就是，在某个社会整体上趋于停滞的时候，该社会之外的其他社会却正在随着生产力的提高而不断前进。不同社会之间形成了生产力的横向落差，这样一来，停滞或缓慢运行的社会就可能被高速发展的社会所影响甚至吞噬。正如在我国长达两千多年的封建社会历史中，社会生产力就一直在以农耕为基础的水平上循环。当中国古代封建制度下的生产力发展水平领先或同步于世界上其他国家之时，中国有着自身独特的经济文化优势。但到了近代，一切都发生了改变。18 世纪 60 年代，西方开始了工业革命，西方社会也逐步进入资本主义时代。当清政府还做着天朝上国的美梦时，英格兰蒸汽机车所带来的滚滚历史烟波正催化着西方社会经济、政治、文化等各个方面的飞速转变。中国很快就落后于西方资本主义国家，中国社会也很快被高速发展、全球扩张的资本主义生产力所入侵和撕裂。在经历了多年经济的冲击、战乱的痛苦和一系列社会动荡之后，中国仍不得不以一种后进者的身份主动融入生产力普遍发展的全球化洪流之中。可见，人类各个社会的生产力在整体上并不是同步发展的，也并不呈现为均衡发展的状态，而总是存在人类内部各股力量此起彼伏的张力。

不过，从总体上来看，人类社会生产力不断提高、普遍发展的方向性不会变。因为依据马克思对人的类本质的阐释，劳动就人的类生活，是人依其天性的活动。作为潜能的人的类本质要实现自身的现实化、具体化，必然推动着人类需要的无限发展，表现为人不仅有生存的需要，还有享受和发展的需要；不仅有吃喝住穿等物质性需要，还有文化、艺术、教育等精神方面的需要。而人们所具有的本质力量能够在社会中与他人一起凝聚成强大的社会生产力甚至“类力量”，人类共同力量的发挥能够使个体在更普遍的层面满足自身的需要，也确证了自身的存在状态和存在意义。因此，人类历史不但是发展的，而且总体上是追求进步的。在人类自身发展的历史中，生产力一直在被不断继承、积累和创新。只要现存人类尚未实现真正的自身，或者尚未被毁灭，这一总体过程的方向性是不会停滞或逆转的。

在生产力发展的过程中，人和自然的对象性关系是表征生产力本质的重要特征，生产力的本质就是作为潜能的人的类本质获得普遍物质性现实化的一般形式。生产力的每一次高度发展都意味着人自身的发展进入了新的阶段。马克思曾写道，“工业的历史和工业的已经产生的对象性的存在，是一本打开了的关于人的本质力量的书”。[1]生产力的每次大发展都会在创造越来越多能够满足人类需求的能力的同时，也伴随着新需求的增长，这当然又预示着人类本质能力的进一步增长和新的本质需要的诞生。因此，对于人来说，生产的目的就是本质力量的发挥。无论对个人、社会还是人类整体来说，本质需要的满足和本质力量的发挥共同构成了人类活动本身的目的和动机所在。这种目的和动机不同且超越了个体在意识活动中的行为倾向，解答的是人类物种本身为什么走上自我进化道路并不断塑造自身周围环境的最一般、最根本的问题。

但是，马克思认为现实的人至今还没有完全觉悟到自身发展与这些问题之间的本质联系，也没有辩证地把人的需求和力量与人的类本质联系起来。在异化状态中，人们仅仅把人的普遍性存在——宗教或具有抽象普遍本质的政治、文化等理解为现实性的类活动，忽略了人的意识也是特殊的、感性的本质力量。同时，生产力的发展与人的发展具有不完全同步性。在理解马克思对生产力的相关论述上，人们往往只是从单纯的物的方面去理解生产力，并且把向社会提供物质资料作为发展生产力的主要目的。如此一来，生产力的发展也只是被当作外在于人的财富增长。这种观点正是割裂了人的类本质与生产力之间

〔1〕　马克思：《1844年经济学哲学手稿》，人民出版社2018年版，第85页。

的关系，忽视了人在生产力发展中所居的主体地位和所发挥的主导作用，这将使生产力的概念变得呆滞和教条。因此，应当看到生产力发展的本质与人的类本质之间的根本性联系，只有人才是生产力中最具有决定性的力量，才是生产力发展的根本目的。

此外，在资本主义社会私有制的范围内，每一次生产力的发展，每一次人类本质力量的新证明与现实本质的新充实，也呈现出某种与“类”相反的意义。因为每个人都在致力于将他人对象化的同时，自身也被对象化了。特别是在马克思所揭露和批判在商品经济中，人们挖空心思在别人身上唤起某种新的需要，以便以此迫使他人成为自己的对象，为自身的发展作出牺牲。在这种需要中，他人成为对象，人自身也实际性地被自己置于一种新的依赖地位。作为对象的人被诱使追求新的对象和享受方式，从而陷入经济上的破产。换而言之，每个人都在企图诱导他人产生新形式的需求，因此也创造出一种能够把他人作为对象的、支配他人的、异己的力量。随着生产力的发展，人所创造的新的对象的数量在不断地、飞速地增长，类本质现实化所形成的、异己的、制约人的外物王国也在肆意扩张。人依赖于物，且被物统治，每一种新产品都是人创造出来企图掠夺他人主体性地位的现实依据，也使人类内部产生了诸多欺骗、掠夺等不和谐的社会关系。这就是生产力在使人的本质现实化的同时所伴生的对人性的破坏性，人基于外物而获得的现实性偏离了人的类本质，这正是造成人的本质异化的重要根源。这种负面的效应，是不可忽视的。

二、人的类本质的实现

“ἐνδελέχεια”译作“现实”，另有译作“实现”“成全”等。这些不同的译法反映了“现实”概念所包含的多重意义：“现实”一般用于表达“现实性”，现实性是存在的“是”，是潜能实现、目的达成的某种状态；“实现”则是“现实化”的动态表征，有着潜能发挥的意蕴；而“成全”则有某种完善、圆满的意思，亦即不再包含任何潜能的现实。“成全”意味着潜能向现实转化过程的完成，与事物的运动相联系，由潜能到现实的成全过程，就是存在物的运动过程。如果换成黑格尔的语言，就是抽象具体化、本质现实化的过程。这一过程展示了本质和存在之间的辩证关系。对于马克思来说，他本身深受亚里士多德潜能与现实学说的影响，不仅研读过《形而上学》，还多次引用了亚里士多德的相关文本。当马克思在运用黑格尔的辩证法对费尔巴哈的人学进行改造的过程中，他实际吸收了亚里士多德潜能与现实的理论范式。马克思肯定黑格尔将人的存在视为一个过程，这个过程就是作为潜能的人的类本质从普遍性到特殊性，从抽象性向具体性、现实性转化的过程。简而言之，人的历史就是人的类本质现实化的过程。

1. 人的类本质的现实化

“潜在的东西当它已经完全是实在的，并且不是作为它自己而是作为能动的东西而活动的时候，它的完成便是运动”。[1]也就是说，事物的生成都是从潜在的有（实在的无）到现实的有。不能把实体的运动过程简单归结为单纯的形式或质料的运动，因为潜在的存在不只是一种潜能，也不只是一种现实。或者说，它既是一种潜能也是一种现实。从根本上来说，它是一个过程，这个过程是事物从质料到形式、从潜能到现实的不断过渡。

在人的问题上，作为潜能的人的类本质，它就是非现实性的“实在的无”，是黑格尔理论中的具体普遍性。但正如黑格尔所阐释的精神性本质的运动过程一样，人的类本质的实现也有着同样的辩证否定过程。马克思“人的类本质”概念指代了人以普遍性为对象的对象性本质。人最初的对象是自然，人以自然为对象的现实化活动基于人与世界的普遍对象性关系。这种关系最初是潜在的，人通过以劳动为代表的现实化运动建立起人与世界真实的对象性关系，也就在“类”的层面实现了人的本质从潜在到现实的过渡。人所特有的现实化运动就是对象化，这种活动最主要的方式是能够使人自身和世界都获得二重化的劳动，亦即实践。

实践本身具有过程性的特征。首先，实践最显著的特征是客观性。通过实践，人能够不断占有对象的客观性、现实性，从而使自身也变为现实：人类通过实践获得了更多的本质力量，使自身在自然界中的形象越来越“具体”和特殊，越来越

〔1〕 北京大学哲学系/外国哲学史教研室编译：《古希腊罗马哲学：西方古典哲学原著选辑》，生活·读书·新知三联书店1957年版，第273页。

超越其他的自然存在物，成了有意识的、能动的存在物。其次，实践具有社会历史性。人能够通过实践按照自己的目的来改变自然界，使自然界成为为我而存在的“人化自然”。人化自然作为人的本质力量对象化的产物,是社会生产力所创造出来的，并成为社会中所有人共同占有的对象世界。实践活动总是在一定的社会关系中进行的。“以一定的方式进行生产活动的一定的个人，发生一定的社会关系和政治关系”。[1]因此，人通过实践的对象性活动也构建起社会存在和发展的基础。最后，实践活动的阶段性也是人的类本质现实化过程性的体现，在人类一代又一代以实践创造世界的历史中,人的潜能获得了发挥，人也不断获得自身新的现实存在形式。

正如本书第四、五章所阐释的那样，人的类本质以对象性活动为中介展现出人所具有的社会性、实践性和意识性等不同的现实性形式，也因此构成了人性的复杂变化。因为无差别的普遍性无法给予事物以具体规定性。对于人来说，无差别的类存在也无法赋予人类整体内部个人或个体以具体属性，人的类本质似乎不足以用来解释具体的人进行某种特定活动的原因。那是因为，“类”必须通过现实化、特殊化才能使其内部构成获得真实性。人生而为人类，独立于自然界之外，整体上获得了“类”的规定性。但是，人类内部的个体却没有生而获得其具体的规定性。起初，他们只是作为一种整体的附属物而存

---

〔1〕《马克思恩格斯选集》（第1卷），人民出版社2012年版，第151页。

在，其特性和个性的养成还需要一段漫长的社会化过程，还需要在社会关系中被塑造为具有特定文化、习俗、财产和地位的个人，在自我意识的觉醒中独立为具有个性的个体，最后获得多重存在状态叠加之后整体意义上的具体性、现实性。这种具体性或者现实性只有通过人的持续对象性活动才可以获得。因此，个人从事劳动谋求他们社会属性的实现，个体自我意识觉醒追求其个性的全面自由发展。人类在获得抽象规定性而诞生之后，又在实现其内部具体规定性的道路上产生了漫长的历史。这个历史是人的类本质现实化的历史，也充斥着人的类本质异化所带来的矛盾和痛苦。

2. 人的类本质的异化

根据亚里士多德的观点，每种潜能都可以有两个善恶对立的结果。作为潜能的人的类本质在其对象化、现实化的过程中也会呈现出不同的形式，它既可以正向地得到确证，也可能以异化的方式得到确证。在理想的情况下，人能够通过能动的对象性活动获得对其类本质的正向确证，人的现实本质与其类本质之间的关系的是统一的，表现为人与自然、社会和自身之间关系的普遍和谐性。在《手稿》中，马克思就有这样类似的描述，他把共产主义定义为“人和自然之间、人和人之间的矛盾的真正解决，是存在和本质、对象化和自我确证、自由和必然、个体和类之间的斗争的真正解决。”〔1〕但是，马克思认为，

〔1〕 马克思：《1844年经济学哲学手稿》，人民出版社2018年版，第78页。

这种理想的和谐状态只有在未来共产主义社会才能实现。至今，人的类本质还没有获得完全的成全，人还一直处于潜能现实化的运动过程之中。在这个过程中，人类本身蕴含的内在矛盾在类本质现实化的不同状态中被动态调和或不断激化，人的现实性也常常以各种异化的形式得以呈现和确证，表现出现实的人的存在和活动状态与人的类本质相异、相分离，甚至“相反”的特征。

（1）“异化”的概念。

德语中的异化概念 Entfremdung 源于希腊语 allotriwsiz 和拉丁语 alienatio。在法意等拉丁语系中，alienatio 都有着一一对应的译词（法语 aliénation，意大利语 alienazione）。然而，在翻译为日耳曼语系的德语和英语时，就出现了不同的译法。在德语中，alienatio 有过 Entfremdung（异化）、Entäußerung（外化、转让）和 Veräußerung（让渡）三个不同的译词。这三个德语译词在一些场合是作为同义词使用的。例如，马克思主义语境中异化和外化体现的都是同一个过程和状态。但三个译词也有细微的差别，Entfremdung 有“疏远、不和”的意思，Entäußerung 则可能被用在“死心、放弃”等否定含义的情景中，Veräußerung 则更多地用于某种权利的转让。在英语中，alienatio 也对应了两个常见的译词 alienation（异化、转让）和 estrangement（疏远、失和）。可见，不同语言对异化概念采用了不同的术语形式和区分方式，这种错综复杂的情况无论是在语言翻译还是学术研究上都带来了一些困扰。但应该首先明确的是，无论是德语中的Entfremdung、Entäußerung、Veräußerung，英语中的alienation或estrangement，它们原本都只是“异化”概念的不同译法。

有的学者认为，异化的原义更倾向于让渡，是将属于自己的东西让渡于他者。艾伦·伍德（Allen W.Wood）则认为，“异化”的原义更多为疏远和分离，是把本属于一体的事物分离开来，或者说在原本和谐的事物之间建立一种冷漠和敌对的关系。〔1〕实际上，在德语Entfremdung中，“fremd”表示一种他人的、陌生的、相异的意思。ung是阴性名词后缀，无实际意义。ent则作为前缀，有分开、脱离的意思，具有一定反义的作用，表示除去词根所表示的内容。例如，ent前缀于名词der Wert（价值），entwerten则表示失去价值；前缀于动词decken（覆盖），entdecken则意味着发现（discover），即去掉覆盖；前缀于形容词mutig（勇敢的），entmutigen则表示萎靡（不再勇敢）。如此一来，Ent前缀于fremd，Entfremdung的词源学原义反而应该为“化异”而非“异化”，意思是要化解和去除相异的、他者的部分，即在主体事物中排除不属于主体的内容。这种异化概念的原义与中世纪神学对人性相关问题的论证方式有着相通之处。在中世纪神学和经院哲学中，人在祈祷、冥想等忘形行为中，使自身精神脱离肉体向上帝靠近、与上帝合一的状态就是异化。但这种异化在当时的语境中是一

〔1〕 See Allen W. Wood, *Karl Marx*, New York: Routledge, 2004, P3.

种积极的状态，跟近代哲学家批判的表示不良状态的异化概念恰恰相反。造成这一问题的原因在马克思对宗教的批判中便可找到答案。在《〈黑格尔法哲学批判〉导言》中，马克思批判宗教是“颠倒的世界意识”，产生宗教的社会是“颠倒的世界”。在这样颠倒的世界中，“宗教是人的本质在幻想中的实现”〔1〕。当人们把宗教中的虚幻的上帝视为真正的人，具有自然性的现实的人则被视为与真正的人（上帝）相异的存在。人们把上帝视为自己的本质，也就把真实的自身视为了与本质不相符合的“异物”。他们信仰宗教、虔诚礼拜，就是为了在冥想与忘形行为中暂时抛弃自身真实存在的异在感，从而更接近真正的人的形象（神）。可见，在异化概念萌芽的人类社会早期，由于人的本质与其异化状态的关系在神学中被颠倒了，“异化”反而成了“化异”。

“化异”的异化现象在崇尚鬼神的人类原始社会就已经开始出现了，但把异化现象归纳为一个哲学概念，并真正将之与人的本质思想相联系来进行讨论，却是近代的事情。近代以来，随着欧洲资本主义的产生和发展，西方封建主义开始走向崩溃，作为中世纪封建统治精神支柱的罗马教廷也开始衰落。欧洲宗教改革运动、人文主义运动的开展猛烈地批判了基督教的腐败和虚伪。在揭穿并推翻上帝的神圣形象之后，民众的自我意识开始不断觉醒。在这一时期，神学中“去形存神”意味

〔1〕《马克思恩格斯选集》（第1卷），人民出版社2012年版，第1—2页。

的异化概念内容也开始发生转变，人们逐渐摆脱以神为人的“颠倒的世界意识”，主张肯定人的价值和尊严，肯定人现世生活的意义，反对抬高神、贬低人的观点。到了 17、18 世纪，异化概念开始脱离神学语境，它在西方资产阶级思想家的人性理论中成为一种与自然状态相对立的状态。格劳秀斯（Hugo Grotius）在自身主权的“让渡”，霍布斯则在自然权利的“转让”的意义上使用了类似“异化”的概念。卢梭也继承了他们的思想，在卢梭看来，人类在由“自然状态”向社会状态过渡的进程中，私有财产的确立使人与人之间贫富差距扩大，这必然导致人与人之间社会地位的不平等，从而造成了人与人之间相互斗争、冲突不断的“异化”状态，这种异化概念的意义重在疏离和对抗。从此，异化成为一种消极的状态，与人的理想状态相区别、相对立。人类如果想要摆脱这种异化状态回到理想的“自然状态”，就必须人人平均占有财产、实现权力的平等。当然，卢梭并没有意识到私有制并非人类不平等的根源，实现权利平等和政治解放也并不能实现最终的人类解放。但不可否认的是，他对异化的理解更贴近于后来的德国古典哲学家们。卢梭甚至还揭露了人的社会活动及其产品变成异己东西的事实。他在《爱弥儿》中指出，文明使人腐败；背离自然使人堕落；人变成了自己制造物的奴隶等。可见，他在对人与社会、人与自然双重关系的思考中深化了异化概念的内涵，这也为后来研究异化的马克思提供了参考。

目前，根据学界普遍接受的观点，马克思的异化概念是在黑格尔、费尔巴哈的相关思想基础上逐渐发展成熟的。在黑格尔那里，异化与外化密切相关。他的外化概念实际上是广义的异化，异化概念则是“作为外化的异化”。德语中Entfremdung和Entäußerung原本是同一个词的不同译法，黑格尔本人也经常不加区分地使用外化和异化这两个概念，后来的马克思基本上也继承了这样的用词风格。黑格尔的异化概念主要指的是精神上的异化，他把存在的一切都归结为“自我意识”，异化也是“自我意识”的异化，是绝对精神外化过程中的个别环节。绝对精神是一种超人的客观精神，是整个世界最高的原则，自然、社会等作为客体的现实世界都是绝对精神外化的表现。人的异化则源自人的苦恼意识，这种有限的、个体的自我意识之所以苦恼，是因为它不能正确地解释人与世界的关系。从根本上来说，苦恼意识的异化是人的有限精神对其自身无限本质的不完全认识。消除这种异化的方法是达到一个更高的自我认识阶段，使上帝和人类、精神性的普遍本质和特殊自我意识之间获得和谐和统一。总的来说，黑格尔的异化概念是一个纯粹思辨的范畴，异化状态下主客体的关系只有一种表面的否定性，而不是内在对立与对抗的性质。黑格尔所揭示的异化根源是绝对精神的内在否定性，他把现实的世界、现实的人视为暂时的、有限的存在，仅仅是思维设定的中间环节，摆脱异化就必须摆脱人的有限存在回归无限的绝对精神。这样一来，异化概念似乎又重新进入了另一个神学构建的颠倒世界，这势必迎来马克思的猛烈批判。

在黑格尔之后，费尔巴哈则力图从唯物主义的立场来阐述异化概念。他认为异化的主体并不是黑格尔那样的抽象精神，而是感性的人。费尔巴哈在其理论中扭转了神与人的相对地位和作用，认为不是上帝创造了人，而是人创造了上帝。上帝的概念实际上是人对自身类本质的一种看法，但却被错误地异化成了一个与现实的人截然不同且相互对立的实体。于是，人的创造物成为一个凌驾于自身之上的、超自然的神，这就是宗教造成的人的自我异化，是人与自身的分离。然而，正如马克思所批判的那样，费尔巴哈并没有认识到人真正的类本质所在，也就没能在异化理论中把唯物主义立场坚持到底。费尔巴哈认为人的异化中包含了理性、意志和心，但是这种理性、意志和心被扭曲、误导和集中在了一种超越人性与自然的、想象中的存在之上，要克服这样的异化就要以真正的类意识取代虚假意识，放弃宗教幻想诉诸真理和理性。费尔巴哈这样的观点实际上和黑格尔的苦恼意识殊途同归，都认为异化本质上是一种错误的意识形态、是虚假的人的类本质概念。可见，黑格尔和费尔巴哈都把异化看作是一种意识性的、精神上的异化，表现为对自己、自己的本质或自己与现实世界关系的某种错误或幻觉。他们的这种观点与他们对人的类本质的意识性理解是一致的。

但是，正如前面所明确的人的本质与意识性之间的关系一样。意识的异化只是人的异化的一个方面。黑格尔和费尔巴哈在阐释异化时都忽略了造成这种错误意识、虚假意识的客观根源和现实基础（包括行为基础和物质基础），仿佛异化只存在于观念世界之中。对于马克思来说，他一方面继承了黑格尔和费尔巴哈观点，肯定了异化与人关于自身本质的错误意识密切相关。但另一方面，马克思认为造成这种异化的根本原因并不在于这些错误意识本身，而在于劳动的异化。劳动的异化使人的类本质在其潜能现实化的过程中无法得到有效地实现，也就造成了人的类存在与现实存在之间的相异或分离。人的类本质是一般的、普遍的，个体和个人的存在却是具体的、特殊的。在现实中，各种主客体的局限难以被突破，类本质现实化的状态也普遍不够理想，这就意味着人与自身、与社会、与自然关系的和谐程度常常是差强人意的，总是处于一种异化的、非标准的状态。在一切对象性活动中，人本应是主体，作为对象的物都是"为我而存在"的。但随着人类生产力发展带来的物质世界的膨胀，资本主义拜物教、消费主义的陷阱等都使人沉迷在那些对并非自身本质所需之物的盲目追求之中，人生的意义被物化了，人也逐渐变成"为物而存在"。可见，人和人造之物的主客体关系被颠倒了，现实的人成了物的奴隶，新的"物神"就此诞生，人的本质又陷入了虚幻的实现状态之中，个体、个人与人类整体之间的关系也再次陷入相互分裂的矛盾紧张状态。

在《论犹太人问题》中，马克思把这种个体与社会、与类相分裂的思想表达得淋漓尽致，揭示了个体感性存在与类存在、社会存在之间的矛盾关系是人与人相异化的根本原因。马克思认为，在黑格尔所推崇的政治国家中，人在思想中和在现实中都过着双重的生活——天国的生活和尘世的生活。在天国的生活中人具有形而上学的神性，也具有至上的普遍性，人把自身视为做类存在物〔1〕。尘世的生活则是市民社会中的生活，在这种市民社会的社会关系中，人将他人视为工具，同时也把自身也视为了工具。〔2〕这是人真正的对象的丧失，使人在个人和个体层面自我本质严重扭曲，这造成了市民社会中人类痛苦的根源。在人最直接的现实生活中，错误意识使人将自身视为不真实的现象。而在国家或政治共同体的生活中，人在个人和个体层面的存在中将自身的社会本质、意识本质相互割裂，马克思将之称为“政治国家与市民社会之间的世俗分裂”〔3〕。人被剥夺了自己现实的个人生活，但却得到了充满了非现实性的普遍性社会本质，而具有最高普遍性的人的类本质无法在分裂的现实存在中得到确证，所以人才会创造一个上帝将自己的本质寄托于宗教来慰藉自身。在现代社会中，“物神”的诞生也无异于一种宗教的创造，人们在现实中忽视自身和他人的真实价值和现实联系，而把对物的占有视为人生的唯一意义。本应作为类生活的劳动变成了与主体相异化的劳动，人与人的类

〔1〕 马克思原文使用的是“社会存在物”的概念。但根据语境理解，天国的生活是神性的、获得人自身最高普遍性的生活，这种天国的“社会”在普遍性上已经达到了与“类”的同一，因此，在天国生活中的社会存在物可以被理解为获得其类本质成全的类存在物。

〔2〕 参见《马克思恩格斯文集》（第1卷），人民出版社2009年版，第30—31页。

〔3〕《马克思恩格斯文集》（第1卷），人民出版社2009年版，第31页。

本质相异化，这种异化既包括作为类存在的人在外部客观物质世界和自身不定的主体性中迷失了自己，也包括个体的人在主体化和客体化过程中与类的分裂。〔1〕总之，人与自身、与社会、与自然之间关系的统一性和和谐性被内在地毁坏了。

（2）异化劳动与人的类本质的异化。

在《手稿》中，马克思对“人的类本质”概念的阐释主要是为了论述他的异化劳动理论。异化对应的是非异化状态的缺失，如果没有对人类本质性活动即非异化劳动的认识，那么异化的概念也不能被澄清。因此，马克思指出人是类存在物，人的类本质决定了人的生命活动是自由有意识的，人能够在实践和理论中都把“类”作为对象，进行自由的对象性活动。生产、劳动都是人类最基本的对象性活动，马克思把非异化状态下的生产和劳动定义为人的“类生活”。这种类生活是人自主、自由对象性活动的展现，类生活本身作为目的则是人的本质的现实化。

马克思对劳动概念的理想设定也受到了亚里士多德实践概念的重要影响。亚里士多德的实践以自身的善为目的，非异化劳动的目的也在于劳动本身。在劳动过程中，人能够把握和改造对象的类，也就能够直接实现自身作为潜能的人的类本质。对于人来说，劳动产品只是对这个过程的现实确证，而非最本质的需要。可能有的人不会赞成这样的观点，但只要看看人类在其漫长历史中创造了多少看起来毫无意义的作品，就可以瞥

〔1〕 See Lefebvre, H. 1968. *The Sociology of Marx*. New York: Random House. p10.

见，劳动产品对劳动本身来说并非决定性的因素，劳动本身才是人的本质需要。然而，在异化劳动中，一切都被颠倒了，自由自觉的类生活不再以实现类本质为目的，反而成为维持吃、喝、生殖等动物性基本个体生活的手段，简而言之，成为动物式的谋生手段。在异化劳动中人的主观能动性无法发挥，人就变为同动物一样的存在，最终与自己的类本质相异化。

马克思在《手稿》中揭示了异化劳动的四个规定，这四个规定主要分为两个部分。在第一部分，异化劳动的前两个规定中，马克思重点阐述了劳动本身的异化，包括工人同自己劳动产品相异化，工人和自己的劳动相异化。劳动作为人最基本的对象性活动，本身具有对象化的性质。劳动产品则是对象化、物化的劳动，也就是劳动的现实化。在异化劳动中，工人被剥夺了他真正的劳动对象，生产资料和产品都不属于工人，甚至连工人自身的本质力量都不属于自己。因此，工人在本应是对象性活动的劳动中表现出自身对象的丧失，这意味着他现实中所面临的劳动对象是一种与自身相敌对和相异的东西。如此一来，劳动的现实化表现为非现实化，与劳动应有的一般特征相分离，于是劳动本身就被异化了。这样的劳动对工人来说不是自身的本质需要，而是一种异己的、被迫的活动。工人需要的仅仅是维持生存需要的“工资”，他的劳动不属于自己，而是属于“另一个有别于我的存在物”。[1]这个存在物不是别

---

〔1〕 马克思：《1844年经济学哲学手稿》，人民出版社2018年版，第55页。

人，正是人自己所创造的、与劳动者自身相对立的、劳动的所有者——资本家。于是，资本主义私有财产成为异化劳动的结果，也成为劳动者异己本质的现实化形态。

在第二部分，异化劳动的后两个规定则是马克思根据劳动异化推出的人的异化。首先，异化劳动使人与自身的类本质相异化，“人的类本质，无论是自然界，还是人的精神的类能力，都变成了对人来说是异己的本质，变成了维持他的个人生存的手段。异化劳动使人自己的身体同人相异化，同样也使在人之外的自然界同人相异化，使他的精神本质、他的人的本质同人相异化”。〔1〕于是，异己的本质成为类本质现实化的反向确证。其次，作为人与自己的类本质相异化的直接结果，人同人也相异化了，表现为人与人之间社会关系的普遍异化。当人同自身相异化、相对立的时候，他也同他人相对立、相异化。社会中人与人的异化主要表现为私有制条件下人与人之间相互对立、相互敌视的状态。由于私有财产占有情况的差异性，人与人之间社会关系中最大的对立状态就是阶级矛盾，在资本主义社会中，就是资产阶级和无产阶级的矛盾，资本主义社会以私有制为基础，所造成的直接结果就是人与人的普遍异化。其实，马克思异化劳动四条规定的后两个规定描述的是同一个问题的两个方面，人同自身类本质的异化本身就必然导致人与他人的异化。因为每个人都与自身的类本质相异，人与人之间的

---

〔1〕　马克思：《1844年经济学哲学手稿》，人民出版社2018年版，第54页。

关系自然也是异化的。

从马克思对异化劳动的四个规定来看，人的类本质的异化是核心问题。马克思在异化劳动中提及“人的类本质”概念的目的就是为了反证异化，这实际上为非异化劳动和真正的人确定了一个标准。人是类存在物、也是有意识的存在物，从事自由有意识的生命活动。在非异化劳动中，人的类生活——劳动是以普遍性为对象的对象性活动，展现出人的能动性与自由。但在异化劳动中，人的意识性、能动性特征与其类本质的关系被颠倒了。“异化劳动把这种关系颠倒过来，以至于人正因为是有意识的存在物，才把自己的生命活动，自己的本质变成仅仅维持自己生存的手段”。〔1〕异化劳动不是受人的本质需要所驱使的，反而是受人的动物性需要所决定的，作为人的类生活的劳动仅仅变成了维持生存的手段。换而言之，劳动本身应该以自身为目的，以满足人的本质需要、实现人的类本质为目的；但异化劳动却以满足工人的动物性需要（维持生存）的为目的，这使工人的活动不再是发自本质的、自愿的、能动的，而是强加于他们的、机械的。这种活动已经丧失了人真正追求的对象和意义。

由于活动的改变，由此产生的意识也必然发生改变。类意识将类生活视为了手段，这就是与人的类本质的背离。于是，人意识到自己的本质变成了异己的，劳动不再是自由自觉的，

---

〔1〕 马克思：《1844 年经济学哲学手稿》，人民出版社 2018 年版，第 53 页。

而是痛苦的、绝望的、感觉不属于自己的。这样的意识是人自身普遍性与特殊性、无限性和有限性的割裂，是类似“苦恼意识”的错误意识。在把意识性视为人的本质的黑格尔和费尔巴哈那里，这种错误意识就是异化的根源。然而在马克思这里，错误意识是人占有了强加于自身的对象时所获得的现实性（这种现实性是极其有限的、抹杀了主体自由能动性的存在状态）与人的类本质（普遍的、无限的本质）发生偏离和分裂时所产生的意识。这个意识不是“因”而是“果”，是现实苦难造成现实的人的苦恼，是被压迫生灵的叹息。基于对类本质真正实现的渴望，为了慰藉自身和抗议现实，人们创造了上帝——这种虚幻的幸福、人民的鸦片——正是宗教使人的类本质在幻想中的实现。这种类本质的虚幻实现在黑格尔那里化身为宗教精神、国家而存在，在费尔巴哈那里则成为“抽象的人”。但是，人的异化不仅仅是劳动或意识的异化，最根本的还是人自身的异化，是人的现实性本质对类本质的非正向确证，表现出人与类相分离、相对立的状态或趋势。

马克思在对异化劳动的论述中还揭示了资本主义私有财产和人的类本质异化的关系，为他后期的资本主义政治经济学批判奠定了人学基础。资本主义私有财产是工人异化劳动累积的结果。马克思以类本质为标准推导出了资本主义私有财产的普遍性本质，肯定了私有财产在人的类本质现实化过程中存在的长期性和合理性。在论及私有财产时，马克思使用了比“异化劳动”更为中性的“外化劳动”概念。他写道：“劳动不过是人的一种特定的、特殊的外化”〔1〕，这一细微的用语变化表达出马克思并非要完全否定私有财产合理性的意图。马克思认为，私有财产作为外化劳动的结果，体现出工人与自然的关系；在非工人那里，则是人与人的关系。在资本主义社会，人通过对私有财产的占有而获得自身的现实性本质。人把自身的本质和人生意义都寓于对私有财产的占有。于是，私有财产对人来说无异于神，超越于理性。因为金钱、资本、财产取代了神、取代了理性，成为人新的主宰。在这种状态下，劳动者从“充实的无”沦为“绝对的无”，本应获得现实化、具体化、充实化的人的类本质也沦为了私有财产的抽象附属物，人自身则沦为了工具人、商品人、沦为了资本的附庸，成为现实的非存在。而本该作为对象的私有财产却获得了人格化的特征，它在异化劳动中替代了现实的人的存在而成为历史的主体。“私有财产的主体本质，私有财产作为自为地存在着的活动、作为主体、作为人，就是劳动”。〔2〕如此一来，资本主义国民经济学表面上承认的人和人的独立性，实际上肯定和维护的是人格化的私有财产。

在资本主义生产关系中，异化劳动和私有财产的相互作用日渐导致两种后果。首先，随着私有财产的普遍化，现实的人日益倾向于普遍地、彻底地否定自身的类本质，从而呈现出

---

〔1〕 马克思：《1844年经济学哲学手稿》，人民出版社2018年版，第73页。

〔2〕 马克思：《1844年经济学哲学手稿》，人民出版社2018年版，第70页。

人性在个体本位的极端利己主义，造成人与人之间社会关系的普遍疏离与分裂。近代资产阶级思想家认为，财产权是人天生就拥有的自然权利，资本主义社会的法律也将自利逐利的行为确定为人的合法权利。于是，在这种将贪婪、争斗、自利等人性之恶正当化过程中，个人日渐脱离对道德的追求，沦为一味追求私利的、孤立的个体。在思想领域，个人主义空前盛行。个人主义本体论将分离的、孤立的“原子式”个体作为人类存在的本源，社会则是派生的，由此得出“个人至上”“个人先于社会”“个人高于国家”等一系列论断。虽然个人主义凸显了个体的价值、尊严和权利，对近代以来人自我意识的普遍觉醒起到了重要的推动作用。但个人主义本体论的缺陷是显而易见的。“孤立的个人不可能实现自由和人所特有的才能的全面发展，因为离开共同体，就不可能有合乎人性的个人出现”。〔1〕“个人至上”的思想把人的类存在与个体存在的关系彻底地颠倒了，这样的价值观必然推导出个人利益高于社会利益、整体利益。个人利益的最大化会导致整个社会道德和法律评价标准的颠倒与错乱，这正好掩盖了资本背后的逐利和贪婪，也能够粉饰和保障资本剥削劳动者的不平等生产关系。资产阶级要通过不平等的生产关系占有工人异化劳动的结果，从而占据和保障自身的社会优势地位，就不能使日益走向普遍存在的无产阶级获得真正的普遍性。于是，资产阶级思想家们大

---

〔1〕　参见文学平：《论马克思正义观的二重性与现时代的任务》，载《学术界》2016年第9期，第26—42页。

肆宣扬和鼓吹个人主义，试图将社会中原本相互联系、相互依赖的“关系式”个体（个人）分离为以物为中介的“原子式”个体，从而使正在走向普遍化、国际化的无产者“化整为零”，难以形成具有内在凝聚力的真正共同体。如此一来，劳动者就无法凭借自身微薄的个体力量去抗衡强大的资本。

然而，违反人的本质的阴谋终究是要破产的，普遍存在的无产者也终将获得真正的普遍性。异化劳动和私有财产相互作用的第二种后果与第一种恰好相反，通过异化劳动所累积的私有财产和私有财产关系（私有制）的日益普遍化使资本化的人或人格化的资本正在发挥出一种“世界主义的、普遍的、摧毁一切界限和束缚的能量”。[1]在经济全球化、世界一体化的历史潮流中，资本的全球扩张日益打破了“社会”“民族”“集团”等对“类”的分割，人的生产力也正在飞速地突破民族的、地域的局限，日益汇集成真正的类力量，人类历史终将进入世界历史的时代。在此时代背景下，人的类本质也会在更广阔的领域中获得更普遍化的实现。虽然即使在现代社会中，异化劳动对普通无产者来说仍是一种常态，人的类本质也主要仍以异化的形式实现，但“自我异化的扬弃同自我异化走的是同一条道路”，[2]通过异化劳动，资本主义私有财产的普遍化实际上正在为扬弃私有财产、扬弃异化，为实现共产主义创造

〔1〕 马克思：《1844年经济学哲学手稿》，人民出版社2018年版，第71页。
〔2〕 马克思：《1844年经济学哲学手稿》，人民出版社2018年版，第75页。

条件。

三、人的类本质的成全与共产主义

针对现实中劳动异化和人的异化问题，马克思认为，单独的政治解放是不能解决问题的。政治解放只是使市民社会从政治国家中解放出来的社会革命，但其本身还不是人的解放。只有真正的人的解放才能将人的本质复归于人。这种复归是一种统一，是“人的个体感性存在和类存在的矛盾”[1]的消除，也是马克思理想中人与自身、与社会、与自然之间矛盾的真正解决，是作为潜能的人的类本质的真正成全。

在亚里士多德潜能与现实学说中，“成全”是潜能发挥到完全、完满的一种状态。虽然不完备的实现仍然是某种意义上的成全，但严格的成全超越并优先于现实形态，并在运动的全部过程中规定着存在运动的目的。存在的运动最后要达到的目的已经潜在于起点之中。事物在获得“成全”的时候，实体潜能将达到了完全的发挥而发生本质性变化，从而进入下一个新的发展阶段。人的类本质作为人的潜能，它是人的本质需要和本质力量的统一，这种潜能规定着人类历史运动的最终目的，但这个目的不是宿命论也不是人类意识的随心所欲，而是属于人的历史发展规律。人的历史发展规律以人的类本质为标准，规定了人在“类”的普遍性中获得自身现实性最后再复归于

[1] 《马克思恩格斯文集》（第1卷），人民出版社2009年版，第55页。

“类”的生命发展方向。人最终将实现自身三重存在的和谐统一——个体、个人与人类身份的统一，也是自身普遍性与具体性的统一，是“矛盾的解决”，也是“人类的解放”，是真正的共产主义。只有实现了共产主义，把人的最高的、最普遍的类本质复归于每一个具体的、现实的人，人才成为“真正的人”，进入新的历史发展阶段。因此，人的类本质的成全与共产主义的实现走的是同一条路，两者密切相关，主要体现为标准、前提和目的三个基本方面。

1. 共产主义的定义标准

到了共产主义社会，“社会”一词已经与前面我们所区分的“社会”概念在普遍性的层次上发生了变化，它不再是分割了“类”的社会，而是与“类”同一的、获得最高普遍性的、自由人的共同体。当然，这并非意味着社会和类将成为同义词，两个概念所处的对象性关系依然是有区别的。人类所处的是人与自然的对象性关系，社会处理的则是人与人之间的对象性关系。只是共产主义实现之时，社会与类将获得普遍性程度上的同一，人类的内部也不再有各种国家、民族的对立。在此基础上，人的类本质与社会本质就获得了真正的统一。正如马克思在《手稿》中将“人的类本质”概念用来区分异化和非异化劳动一样，他对人是类存在物的规定也为他所描绘的共产主义提供了定义标准。

根据马克思的设想，共产主义社会是具有最高普遍性的真正的共同体，是一切主体与对象（包括人和自然界、人和人、人与自身）之间矛盾的真正解决，是存在和本质（人的现实存在与人的类本质）、对象化和自我确证（对象性活动和本质确证）、自由和必然（对无限的追求和有限的存在）之间矛盾的真正解决，也就是个体、个人与类之间长期分离或斗争状态的真正结束。这种“解决”或“结束”并不意味着矛盾的消除，而是与“人”有关的一切矛盾双方都在扬弃自身之后，共同达到否定之否定后的一种新的“和谐”状态。因此，从本质意义上讲，共产主义的思想内核也在于一个“和”字，这种社会构建的理念与中国儒家的大同思想殊途同归。虽然儒家所谓的大同社会更多地是对过去原始氏族社会的怀念，共产主义则是对人类未来发展最终归宿的设计，但两者背后的哲学思想、人文精神和道德理念等都具有内在统一性。共产主义理想的实质就是和谐，重视各方矛盾的化解和各方关系的和谐，这或许就是中国文化能够很好接纳和实践马克思主义的内在原因之一。

然而，矛盾解决方式的不止一种，过程也可能有反复。除了矛盾双方重新达成和谐状态、人类社会最终实现共产主义；在矛盾发展的特定阶段，矛盾的一方也有可能彻底打败另一方，或矛盾双方同归于尽、玉石俱焚。因此，我们不得不警惕，人类未来的发展仍然是充满变数的。

一方面，没有内在规定性的整体只是一个虚幻的整体，这正如人类诞生之初的原始状态一样，原始社会中人与人之间的关系是自然的、懵懂的，“类”在人类初期的意识中也只是一个混沌不明的意象。直到经历了人的本质的第二次分化，从“社会本质”中分化出“个体本质（个性）”，个体才开始获得具体的规定性，类的内部也逐渐呈现出更加具体化、现实化的特征。个性是作为潜能的人的类本质在个体身上现实化的具体呈现，是历史发展的必然。个体地位的凸显肯定了每一个人都应当具有现实的尊严、自由和发展权利，个体的觉醒真正激发出了人类内部最深层次的生产力和创造力。但另一方面，个体自我意识的普遍觉醒，个性的多元化发展无可避免地会使个体与社会、与类之间的矛盾日益激化。在人的矛盾运动发展过程中，决不能让个人主义凌驾于人类整体立场之上，必须重视个人主义膨胀带来的消极后果，警惕个体与类存在之间的分离，防范个体多元化、无序发展对社会秩序体系的撕裂。否则，个体独立化的无序扩张可能导致真正的共同体的梦想无法实现。

如今，在物质领域，人类生产力高度发展，社会物质资料极度丰富。人创造了诸如计算机、互联网、人工智能等高科技的产物，构成了外在于人的日益强大的物质力量。这些物质力量是人类社会长久以来劳动累积的结果，也是人的类本质现实化带来的本质力量的凝聚。在这些物质对象面前，个体的人越来越依赖于物，越来越成为受动的存在，甚至可能最终脱离人的自然属性完全进入到物的世界成为数字化的生命，脱离人与人之间直接的、自然的联系。在意识领域中人也信奉物为新的上帝，将自身的类意识异化为对强大外物的崇拜和信仰，并在对物的占有中寄托自身的人生意义。如此一来，无数个体的独立化将汇集成对类的强大分裂力量，社会关系将变得疏松，人与人之间的真实联系日渐萎缩，最终可能导致真正的共同体无法现实形成，从而走向人类内部支离破碎的另一个极端。

因此，要防范人类在未来的发展进程中走向个体的极端，就必须让现实的人复归于人的类本质，这就是马克思为人类前途命运所描绘的共产主义方案。共产主义就是一种“复归”，只有将人的类本质复归于人，才能使人与自身、与社会、与自然之间的矛盾得到真正地解决。因此，作为潜能的人的类本质的实现是人类未来命运走向的关键内容，人的类本质规定了人类是一个共同体（抽象意义上的），也关系着人类最终能否形成一个现实的、真正的共同体——最终实现共产主义。

2. 实现共产主义的前提

当作为潜能的人的类本质获得了成全，人的类存在与现实存在的矛盾就得到了最终的解决，人在其三重存在状态中获得了整体的和谐统一。人与自身的矛盾解决了，人与人之间异化的社会关系——一切剥削、压迫等异化的关系都将不复存在。那么“代替那存在着阶级和阶级对立的资产阶级旧社会的，将是这样一个联合体，在那里，每个人的自由发展是一切人的自由发展的条件”。[1] 每一个人都获得了真正的解放，共产主义就成了现实。从逻辑上讲，人的类本质的成全是实现共产主义的一个前提。但实际上，两者是同时推进的，走的是同一条道路。

---

〔1〕　马克思、恩格斯：《共产党宣言》，人民出版社 2014 年版，第 51 页。

在《手稿》中，马克思是通过对异化劳动和私有财产的扬弃来实现共产主义的，这种扬弃只有在作为潜能的人的类本质获得成全时才能真正实现。马克思指出，“私有财产关系的普遍化和完成”[1]就是共产主义的最初形态。这意味着，现实的人的异化只有通过作为异化劳动结果的私有财产发展到最后的、最高的阶段时，人才能够扬弃这种以私有财产的普遍性为形式的现实性本质，扬弃这种异化的本质，实现和占有自身真正的、最高普遍性的类本质，回归于“类”。在市民社会中，由于异化劳动和私有财产的相互作用，人在生产和交往活动中都成为异化的存在。只有“通过人并且为了人而对人的本质的真正占有”，实现“向自身、也就是向社会的即合乎人性的人的复归”[2]，即真正地占有自己的生命和本质，成为属于人的存在，重新具备人的特性，异化的状态才能被消除，从而进入共产主义的普遍和谐状态。这样一来，私有财产的普遍化就成为共产主义的前在条件。马克思一方面看到了私有财产的局限性、有限性，另一方面也肯定了私有财产的合理性。他对私有财产的辩证态度证明了那种直接建议在上层建筑中取消私有制做法的错误。私有财产的本质是累积的劳动，是以客观物质性凝结而成的人的对象性活动。与人的类本质的现实化、异化一样，私有制是生产力发展和社会分工发展的必然结果，是

〔1〕 马克思：《1844年经济学哲学手稿》，人民出版社2018年版，第75页。

〔2〕 马克思：《1844年经济学哲学手稿》，人民出版社2018年版，第78页。

历史的产物。真正对私有制的否定不是在理论或意识领域的取消,而是让私有财产在整个人类范围内获得最高层次的普遍化。这正如哲学原理中特殊性向普遍性的转化一样，当私有财产关系获得了普遍化，当被少数人占有的资本变为“公共的、属于社会全体成员的财产”〔1〕，那么私有财产就不再“私有”了，它失去了它的阶级性质，获得了最高普遍性的“类”的占有，私有财产的概念也就被取消了、扬弃了。人的类本质在普遍化的私有财产中获得了实现，社会物质资料高度丰富，从而为共产主义社会的实现提供了前提。

当然，人的类本质的复归和私有财产的扬弃是一个极其艰难而漫长的过程，要实现马克思共产主义理想还需要具备必要的历史条件。首先就是生产力的高度发展，而生产力的发展与人的本质力量的发挥程度直接相关，也决定着社会物质资料的丰富程度。在当前的社会历史环境中，资本在全球的扩展已经使人类累积的劳动开始发挥出能够超越国家、地域甚至文化、民族区别的世界性生产力。随着全球化的深入发展，这种世界性的生产力必将发展为最普遍的、人的“类力量”，资本主义的生产方式也势必要被这种“类力量”所摧毁、所扬弃。这种普遍化的趋势让如今的西方资本主义国家忧心忡忡，他们反倒开始实施逆全球化的保护主义策略，不仅限制商品的跨国流动，还对资本、技术、劳动力等可移动生产要素的跨国流动与

〔1〕　马克思、恩格斯:《共产党宣言》，人民出版社2014年版，第43页。

配置加以管控，并通过各种形式的排外主义反对外国移民、限制难民进入本国。西方资本主义国家希望世界各国家地区维持目前分离和对抗的状态以保障他们高水平生产力的优势地位。然而，资本主义负隅顽抗的这些伎俩难以得逞，并不能改变人类历史发展的规律，无产阶级扬弃自身、消灭阶级的历史车轮已经启动。在《共产党宣言》中，“全世界无产者，联合起来”[1]的响亮口号揭示了要实现共产主义就必须消灭阶级。无产阶级和资产阶级作为一对辩证的概念，消灭了资产阶级也就意味着消灭了世界性的无产阶级自身，所以也就意味着消灭了一切阶级，同时也消灭了一切奴役人的、外在的主体性限制因素。这样一来，人就能够在世界范围内，在最广泛、最普遍的范围内获得真正的解放，也获得自身的自由全面发展，复归于人生的根本意义——自我实现。

作为潜能的人的类本质决定了共产主义社会中人的自我实现必然建立在这样一个基础之上：人的需要成为人的本质需要的充分满足，人的力量成为人的本质力量的自由全面发挥。在资本主义市民社会中，人被抽象分割为资本家和工人，人的需要也被抽象为对物的需要，或简化为对金钱的需要，人们以这样的需要作为自身最现实的甚至唯一的需要，就使自身的活动远远偏离了自己的类本质。无论是资本家还是工人，都在这种片面的活动中被异化了。对于资本家来说，虽然他们获得了

[1] 马克思、恩格斯：《共产党宣言》，人民出版社2014年版，第66页。

较好的物质生存条件，但为了维护和保障自身阶级地位的稳固，他们也不得不将自身的对象性活动内容主要限制为追求财富的活动。这样一来，他们也丧失了自己作为人的本质需要的丰富性。并且，在残酷的资本剥削活动中，资本家越是无视和践踏工人的人性，他们自身也就越来越失去人性的特征。资本家把他人视为物、视为手段，这样一来，他们的世界中就缺乏"人"、缺乏人与人之间本质的联系，而仅仅是以货币、财产为中介而建构起来的外在联系性。因为他们将自身与他人的关系贬低为人与物的关系，其他人生命活动的对象对他们来说仅仅是一些可以利用的东西，是一些能够用来盈利的对象；所以，他们拥有的财富越多，他们也越是丧失了自己，献身为被财富控制的奴仆。用马克思的话来说，资本家对财富的占有已经变成了"直接的、片面的享受，不应当仅仅被理解为占有、拥有"。〔1〕这种片面的享受反映出了人真实需要的失落，使财产、货币成为资本主义社会"唯一"的需要。"他们再也没有去看、去听、去爱和去思考的动力，而仅仅是拥有、占有他们所看到的、听到的、所爱的和所考虑的事物"。〔2〕这种占有使资本逻辑下的所有权成了唯一能够充分表现人的力量的形式。

对于工人来说，情况就更加悲惨。他们的贫穷，致使他连基本的生存需要、动物的需要都时刻面临着无法满足的危机，

〔1〕　马克思：《1844年经济学哲学手稿》，人民出版社2018年版，第81页。

〔2〕　［美］奥尔曼：《异化：马克思论资本主义社会中人的概念》，王贵贤译，北京师范大学出版社2011年版，第115页。

也就更谈不上满足自己作为人的需要了。而在共产主义社会，“富有的人和人的丰富的需要代替了国民经济学上的富有和贫困”[1]人的富有体现为人生命表现的完整性、丰富性，呈现出自由的多样性。由于人的类本质的对象性特征，人具有丰富而全面的对象化需要，从而爆发出人发挥本质力量、从事本质活动的无尽激情。在此意义上，共产主义社会中人的全面自由发展就依据人内在的本性、必然性而发展。

共产主义社会中人的全面自由发展也建立在人的本质力量解放的基础之上，这个基础与生产力的高度发展是同一的。在共产主义社会，“人们最终从自然和他们自己不协调的、无法控制的因而变得难以忍受的双重暴虐中解放出来，有能力最大程度地发挥出自己的潜能”。[2]在人的本质的潜能得到充分的发挥，生产力获得解放的基础上，人的感觉、思想意识也会得到彻底的解放。在资本主义私有制的社会环境之中，人的感觉是片面的、受限的，“一切肉体的和精神的感觉都被这一切感觉的单纯异化即拥有的感觉所代替。人的本质只能被归结为这种绝对的贫困”。[3]人不能感受到自身的、内在的丰富性，而仅仅作为一个片面的人而存在,受单纯的拥有的感觉的支配。因此，只有“人以一种全面的方式，就是说，作为一个完整的

---

〔1〕 马克思：《1844年经济学哲学手稿》，人民出版社2018年版，第87页。

〔2〕 [英]以赛亚·柏林：《卡尔·马克思》，李寅译，译林出版社2018年版，第277页。

〔3〕 马克思：《1844年经济学哲学手稿》，人民出版社2018年版，第82页。

人，占有自己的全面的本质”[1]，人的全部丰富性才能得以展开，从而每个人都作为一个全面的人、整体性的人而存在，作为获得了现实性的类存在物而存在，人类整体才成为一个真正的共同体，实现共产主义的和谐统一。

3. 共产主义的根本目的

正如亚里士多德潜能与现实学说中所显示的那样，潜能现实化运动的目的早已潜在于起点之中。当人最初作为类存在物而独立于世界时，普遍的“类”产生了，然而却并没有真正的个人和个体。这样的人类与后来诞生的社会、国家一样，只是一种“虚假的共同体”，虚假的共同体只有一种抽象的、普遍的规定性，其内部却没有获得现实性和具体性。人类内部结构是不清晰且不稳定的，成员之间也没有明确的界限，因为他们的“类特性”和“个性”普遍都处于一种缺乏的状态。作为质料的本质只有在现实化过程中实现自身对具体形式的追求、潜能的形式才能成为现实，才能成就具体的、有区别的人。因此，人类要获得自身类本质的现实成全就要走一条相反相成的路，实现个人、个体的存在以获得人的具体规定性，再在具体性、特殊性的基础上复归于类的普遍性，达成个体、个人与类之间关系的和谐统一。

作为马克思人类解放理论的最高目标，共产主义的根本目的就是“回到起点”，复归于人的类本质。但是，这个起点已

〔1〕　马克思：《1844年经济学哲学手稿》，人民出版社2018年版，第81页。

经不是原来的点，这种复归也不是单纯的返回，而是每一个人将成为真正的人，在虚假共同体的社会内部各要素都获得了和谐配置之后，每一个独立的人都将在现实中再次统一为普遍的类，形成真正的共同体。对于马克思来说，真正的共同体就是一种完全合乎人的本质的社会状态，"是生活本身，也就是物质生活和精神生活、人的道德、人的活动、人的快乐、人的实质[1]，人的实质也就是人的真正的共同体"。[2]真正的共同体解除了人类发展所面临的一切束缚和禁锢，每一个人都获得自由全面发展，"每个人的自由发展是一切人的自由发展的条件"[3]"在真正的共同体的条件下，各个人在自己的联合中并通过这种联合获得自己的自由"。[4]

然而，目前人类社会的基本组织形式——政治国家还是一种"冒充的共同体"[5]，不仅没有达到真正的共同体的标准，还以一种普遍的形式确立了劳动分工、阶级分化的合理性，保护并加深了人与人的异化关系。在《手稿》中，马克思通过对异化的批判得出了人最终将复归于自身类本质的共产主义结论。在《资本论》中，他通过对资本主义社会内在结构的解剖，推断出了资本主义必然灭亡的历史规律。在革命理论中，

---

〔1〕 笔者注：这里为翻译误差，"人的实质"就是指人的本质。

〔2〕《马克思恩格斯全集》（第1卷），人民出版社2002年版，第487页。

〔3〕 马克思、恩格斯：《共产党宣言》，人民出版社2014年版，第51页。

〔4〕《马克思恩格斯文集》（第1卷），人民出版社2009年版，第571页。

〔5〕《马克思恩格斯文集》（第1卷），人民出版社2009年版，第571页。

他预言了阶级社会的结束和人类解放的到来。这些不同的理论描绘的都是人类历史发展的同一个规律。马克思只是在不同时期的不同问题中采用了不同的研究方式，使用了不同的概念范畴。在青年时期，马克思主要从宏观上来思考有关人的基本问题，主要采用了哲学批判和逻辑分析的方法来分析人与世界的关系，最终产生了天才般的新世界观——历史唯物主义。在基本世界观建立之后，后期马克思则更有针对性地进入了政治经济领域，主要采用政治经济学的分析方法来解剖资本主义制度下市民社会的本质与现实，使唯物史观从理论变成科学。无论哪一种研究方式，马克思的研究结果都指向了共同的结果——共产主义。共产主义是人类潜能的充分发挥，是向类本质的复归，也是生产力的解放、人的解放。在共产主义社会中，人们结成了真正的共同体，人也成为真正的人。

人其实一直在寻找着真正的自我，这种自我并不是孤立意义上个体的“我”，而是既能与自身所在社会和人类整体相和谐，又有个性的“我”，也是自由全面发展的“我”。这个复杂多重的“我”才是真正的主体，是能够不断突破主客体局限、自由有意识地占有和改造对象的能动的历史主体。在马克思看来，共产主义是个人、社会和类相一致的理想社会形态。在这种社会形态中，每个人都具有自由、独立的个性，能够自主决定自己的思想和行为方式，选择自己的发展方向，同时也能够与他人、与共同体（已达到类的普遍性的社会）、与自然达成最高普遍性的和谐，从而顺应自然“随心所欲而不逾矩”。共产主义社会就是这样一个“自由人的联合体”，是“真正的共同体”。在这个共同体中，“每个个体都表现出族类，也就是说，表现出作为整体的人性，人的普遍性”。[1]个体的个性、个人的社会本质和人的类本质在自由有意识的对象性活动中全部统一在一起，人的潜能获得了最终的成全，人与自然、他人和自我的关系也复归为和谐的状态。

人的类本质的成全与共产主义的实现是同一个过程，是马克思为人类解放提供的道路发展方向和社会理想模型。共产主义的根本内容是以人为基础的，不仅要把握人类发展的历史规律性，也要为未来人类的发展提供方向性的理论支撑。共产主义社会是人获得自身内外关系最高和谐的社会，人能够在自身有限性与无限性、具体性与普遍性、主体性与对象性、受动性与能动性等内部辩证矛盾中把握到真实的自我，进入到一种符合自身个性也符合人的类本质的存在和活动状态之中。从人类目前的发展状态来看，人类将在相当长的时间里依然以被分割的类——社会的形式而存在，最主要的形式是政治国家。马克思也明确指出，国家不会马上消亡：一定会出现一个从资本主义到共产主义的革命转变过程。在这个过渡时期，国家的权威性必须保留，而且还要加强。[2]

---

〔1〕 复旦大学哲学系现代西方哲学研究室：《西方学者论〈一八四四年经济学—哲学手稿〉》，复旦大学出版社 1983 年版，第 61 页。

〔2〕 参见［英］以赛亚·柏林：《卡尔·马克思》，李寅译，译林出版社 2018 年版，第 276 页。

如今，距离马克思身处的时代已经过去200余年了，虽然世界局势和人的生存、发展状态都发生了很大的变化，但政治国家一直是国际交往的基本主体。随着全球化的发展，资本和生产力的普遍化扩张已经成为一种现实，人类历史走向了“世界历史”、人类文明变成了“世界文明”，人们的类意识也在开始普遍觉醒。在这样一个时代，各个民族、国家、区域之间频繁往来，信息科技和人工智能飞速发展，人们可以进一步摆脱自身存在的时空局限性，这就为人能够在更普遍的层次中实现人的类本质提供了准备条件。马克思指出，共产主义事业“只有作为‘世界历史性的’存在才有可能实现”“而各个人的世界历史性的存在，也就是与世界历史直接相联系的各个人的存在”。[1]因为共产主义是全人类的事业，也是全人类的解放。共产主义就是要让全人类中的每个个体与整体的世界历史联系起来，把自身现实性与类本质统一起来，每个人在对普遍而丰富对象的自由占有中获得自身自由全面的发展。只有这样，人才能真正占有了自身最高的类本质，人的潜能也获得了全部的实现。

〔1〕　《马克思恩格斯选集》（第1卷），人民出版社2012年版，第167页。

第七章

历史唯物主义中的“人的类本质”

一、对概念抛弃论和思想断裂论的回应

在人类思想史中，哲学是根，形形色色的各种理论都是生出的枝叶、开出的花。任何理论作为人类思想的成果，或作为一种指导人类思维和实践活动的方法和工具，其背后一定有着更为基础的思想，那就是哲学。虽然马克思有时在其文章中呈现出对哲学本身的批判，有的学者也认为马克思后期理论工作的中心已经不在哲学领域；但不可否认的是，如果马克思前期没有构建起一个辩证的、稳固的哲学框架，那么他的思想根本就无法企及如此历史性的高度，其思想体系内部自然就容易出现不融贯或者所谓的断裂。正如前面研究中提到的那样，有的马克思主义者认为，马克思源自黑格尔和费尔巴哈的“人的类本质”概念以及相关的异化劳动理论都是他早期不成熟的、过渡性的理论。也有的学者经统计后指出，马克思后期有相当长

一段时间不再使用“类本质”“类存在”和“异化”等形而上学的概念，似乎已经完全抛弃了对这些概念的使用，也放弃了对普遍人性的坚持。因此，马克思前后两个时期的思想之间是存在“断裂”的。这种概念抛弃论和思想断裂论都立足于对马克思文本的语言逻辑分析，却忽视了马克思在其思想中以人为中心展开的整体性宏大叙事，也没有发现或重视“人的类本质”概念这条贯穿历史唯物主义背后的隐藏线索。

其实，早在撰写《手稿》时，马克思就似乎预感到了后期人们可能对他术语转换出现的误解。例如，他曾提示到，“当人们谈到私有财产时，总以为是涉及人之外的东西。而人们谈到劳动时，则认为是直接关系到人本身。问题的这种新的提法本身就已包含问题的解决”。〔1〕关于“人的类本质”概念的抛弃论或马克思思想断裂论的问题也在于此。在马克思后期具体研究资本主义社会政治经济学所使用的术语中，人们的确很难直接看出背后所涉及的人学问题。但是，新术语的产生本身就意味着从前问题的解决，新思想创立也是建立在以前思想成果的基础之上的。如果将马克思后期讨论的各种政治经济学概念转换为相关的哲学性术语，这些概念与人的类本质的关系就会变得十分明显。例如，私有财产是一个经济学概念，也可以是一个哲学概念。作为哲学概念，它是工人累积的异化劳动的结果，也是人的类本质现实化凝结而成的物质形态。在资本主

〔1〕　马克思：《1844年经济学哲学手稿》，人民出版社2018年版，第59页。

义社会异化的现实下，人们追求私有财产具有相当的历史正当性，因为通过占有更多的私有财产人们就可以占有凝结为物质财富的他人劳动，从而使自己在更普遍的范围内实现和确证自己的类本质。另外，本书前面的研究也展示了人的类本质与生产力、生产关系深刻的内在联系。因此，专业术语的转换不影响内在逻辑和主要思想的连续性与一致性。不能因为马克思后期不再使用“人的类本质”概念就认为马克思摒弃了人所具有的普遍性本质，正相反，这一早期概念蕴含的深刻思想内涵构成了马克思思想大厦的基石。

在《手稿》中，马克思将“人的类本质”概念提升为一种为具体普遍性的概念。以此为基础，他和恩格斯在后来的《德意志意识形态》中进一步批判了青年黑格尔学派、费尔巴哈和德国“真正的社会主义”，确立了历史唯物主义的基本理论和基本原则，实现了哲学史上的伟大革命。在为自己的理论打下了坚定的哲学基础之后，马克思自然而然地转向了他最感兴趣、最关心的领域——对当时整体人类生存状态和未来人类发展方向的研究，即立足于对资本主义基本经济制度的批判，寻求人的自由全面发展，进行解放革命理论的研究。在所谓的后期，马克思的哲学框架已经完整地建立了起来，相关的问题在他那里已经有了相当明确的答案，因此不再需要更多的笔墨来进行反复的陈述。于是，他开始关注更为具体化、现实性的问题。在《资本论》中，马克思重点对资本主义社会生产力和生产关系之间矛盾运动过程进行了研究和阐释，他以分工、生产力、生产方式等政治经济学概念讨论和分析了资本主义社会中人的活动状态。他常常谈及资本主义制度下工人所从事的“强制的”“异己的”活动，遭受的“非人的”的待遇等。这一切对工人悲惨现实状态的描述背后，实际上都有一个基本的判断标准，即以类本质所设定的非异化劳动和真正的人为标准。正是异化劳动的现实与人的本质的背离反衬出资本主义生产关系对工人的巨大摧残。虽然马克思讨论这些问题时确实不再使用“异化”“类存在”“类本质”等哲学性概念，而是采用了更专业、更科学的术语，但这并不能够证明马克思前后思想的不连贯，只能说明他关注的问题更加现实化、具体化和专业化。

马克思后来的专业化理论都立足于前期成型的哲学理论基础之上。后期他对经济学和政治学的深入研究工作是对前期哲学研究工作的具体化和精细化，也是他的人学研究工作在具体科学领域的深化和拓展。马尔库塞曾指出，如果马克思后期的政治经济学具有关键的重要性，那么一开始就不能仅仅将其看成另一门科学或一个专门化的科学的领域，而必须把它看作是有关整个人类存在问题的科学的表述。〔1〕的确如此，马克思后期的生产力、生产关系等概念是人的本质力量和对象化关系的科学性术语，是可以被替换为相关的哲学术语的；马克思所描述的私有制、私有财产等经济事实也能够通过人的类本质的现实化活动来进行展现；马克思所揭示和批判的资本主义社会

〔1〕　参见复旦大学哲学系现代西方哲学研究室：《西方学者论〈一八四四年经济学—哲学手稿〉》，复旦大学出版社1983年版，第95页。

问题不仅仅是表面上的经济的事实和现象，也是人存在和活动现实状态的表征。这些问题的根源也不是仅仅通过社会改革和政治解放就能够消除的，必须最终通过人的解放才能解决。总之，生产力的发展、社会的发展和人类自身的发展是一致的，三者的发展是同一个过程。哪怕后来马克思不再使用“人的类本质”的概念来解释和论述有关人的问题，这一概念在马克思思想中的地位依然是基础性的。

马克思人的本质思想的基本脉络是从人的对象性活动（主要是实践）去体认生产、劳动给人与社会带来的流变，揭示人类存在和发展的根本规律。人类历史的决定力量——物质或经济力量的扩张，实质上是属于人的对象世界的不断扩张，也是人的本质需要和本质力量的丰富和发展。人类社会在组织其物质生产、精神生产的各个方面所取得的进步，本质上都是人对象性活动水平与能力的普遍性提升。通过对人的潜能在历史中现实化过程的展现，马克思以人的类本质为标准把人规定为一个拥有具体普遍性的、辩证的实在主体，也为人的历史活动做出了既一般又特殊的哲学解释。

必须承认的是，无论是早期的哲学批判，中期历史唯物主义的建立，还是后期更为具体、科学的剩余价值理论、革命理论、资本主义制度研究等，马克思关注的始终是人。他思考并着力解决关于人的问题——关于人的本质和人的现实、人的活动、人的历史以及人的未来。这些一切关于人的问题之间是相互关联的，人的本质问题构成了连接这些问题的核心。无论在哪个时期，马克思讨论的无论是冠以意识、实践还是冠以劳动、生产等不同术语之名的一切人的活动时，其背后必然有属于人的本体论支撑。他的任何现实的政治、法律、经济或意识形态的概念都不能脱离本体论上“人”的概念而存在，当然，也离不开他以人的类本质为“人”所设定的标准。否则，历史将沦为一个无主体的过程。

总之，马克思“人的类本质”概念作为内在贯穿马克思历史唯物主义的融贯性线索，一方面确定了马克思主义的人本主义立场，为其思想的构建提供了本体论支撑。马克思没有抛弃“人的类本质”概念，而是以此为标准完善和重塑了有关人的本质的理论。“人的类本质”概念揭示了人是以普遍性为对象的存在物，这是对人的“being 所是、所是者”进行的追问，也包含了对人“是其所能是”和“是其所当是”的肯定。马克思以客观世界中人的对象性活动（实践）作为人的本质与现实连接的桥梁，从而弥合了“人”的概念在抽象性和具体性之间的缝隙，找到了“人”逻辑地、历史地实现自身的内在根据和表征方式。另一方面，通过对亚里士多德潜能与现实思想范式的引入解释，马克思“人的类本质”概念内在地展示了人类实现自身的现实化运动，即人的类本质的现实化运动，这一过程揭示了人类社会历史发展的根本规律。虽然马克思在不同领域、不同层次问题的切换中进行了术语的转变，但其内在思想依然是连贯的、一致的。因此，我们不能将马克思的思想进行前后的割裂，也不能因为术语使用的问题断言马克思抛弃了

“类本质”“类存在”以及“异化”等相关的概念和思想。

二、作为标准的“人的类本质”概念

1. 人的类本质与非异化劳动

一直以来，《手稿》在马克思哲学中的地位被一再地强调，但人们往往看重的是《手稿》中的异化劳动理论，而忽视了马克思用来为异化劳动设立标准的“人的类本质”概念。在《手稿》中，马克思“人的类本质”概念提出的直接目的就在于反向确证资本主义社会工人异化劳动的现实，这实际上就是为非异化劳动设定了一个标准。异化劳动是工人与自己劳动产品、活动本身以及自己的类本质相异化的活动，最终造成了人与人之间社会关系的异化。非异化劳动则是扬弃了异化之后的劳动理想模型，是符合人的类本质的、自由自觉的对象性活动。马克思通过对“人的类本质”概念的引入设定了区分异化劳动与非异化劳动的标准，也指出了人通过异化劳动的扬弃最终走向共产主义的历史必然性，为后期政治经济学和革命理论研究奠定了哲学基础。

首先，人的类本质设定了非异化劳动中主体与对象的标准关系。工人与劳动产品的关系是人与对象关系的一个缩影。在异化劳动中，工人同自己劳动产品相异化，工人劳动的对象并不是自己本质所需的对象，而是强加于他们的工作对象。工人生产的产品也不是自己所需，更不属于自己，最终都累积成为资本家所掌握的私有财产，进一步成为压迫和剥削工人的沉重桎梏，使工人失去自由发展的可能性。同时，工人对对象的占有方式也是片面的、短暂的，不是对象主体化的那种“占有”或“拥有”，他们的劳动结果并不能被纳入主体本质力量的范围之中。正相反，“由于机器的推广和分工，无产者的劳动已经失去了任何独立的性质，因而对工人也失去了任何吸引力。工人变成了机器的单纯的附属品，要求他做的只是极其简单、极其单调和极容易学会的操作”。〔1〕长期简单、重复、机械性的工作使工人的身体也异化成为机器的一部分，作为人的本质力量被日益剥夺，为机器所占有了。也就是说，不仅劳动对象是异化的，连占有对象的方式也是异化的，这就使作为主体的工人异化为非主体，在主客观两个方面都成了对象的奴隶。工人的劳动产品作为劳动对象化后形成的客体，反过来却成为奴役劳动者的工具和力量。这种奴役使得劳动者为了生存不得不继续从事异化劳动，从而在异化状态中越陷越深。可见，本应发挥主体能动性的劳动已经成为受动，劳动的主体也受控于作为客体的劳动对象和劳动产品。

非异化劳动要扬弃这种主体与对象的颠倒关系，就要以是否有利于人的类本质的实现为判断标准。一方面，要把符合人的本质需要的对象归还给人，满足人对对象的普遍性和丰富性的需求。在真正作为类生活的非异化劳动中，人致力于追求符合自身本质需要、有利于发挥自身本质力量的对象，这样的对

〔1〕　马克思、恩格斯：《共产党宣言》，人民出版社2014年版，第34页。

象通过二重化的劳动或实践活动能够成为主体本质力量的一部分，从而确证人的类本质现实化的状态。更重要的是，主体对对象的选择是自由的、自主的，主体对对象的需要也是普遍的、无限的。一切束缚主体自由本质所需对象的外在力量都要被破除，劳动本身才能同主体的人一起获得最终的解放。另一方面，要让人始终居于自由能动的主体地位，才能依照其本质自由地发挥自身的潜能。只有始终让人作为劳动和历史的主体才能使一切被动的、受压迫的阶级获得解放，而代替那存在着阶级和阶级对立的旧社会，将是推动人自由全面发展的真正的共同体。总之，判断劳动主体与对象之间关系是否异化的简单标准就是判断对象是否符合人的本质需要、人是否居于主体地位。而人的本质需要和人的主体性地位都是由人的类本质所决定的，因此，人的类本质实际上为劳动主体与对象的关系设定了一个普遍的标准。

其次，人的类本质设定了非异化劳动本身的价值。依据类本质实现过程中对象性活动的标准，劳动本身就是人的本质需要。但是为什么在资本主义社会中，只要肉体的强制或其他外在的强制一停止，“人们就会像逃避瘟疫那样逃避劳动”。〔1〕人们对劳动的这种反感态度反映出劳动本身价值的丧失，这种现象是人与自身劳动之间关系的异化。在异化劳动中，工人与劳动产品之间异己的、敌对的对象性关系使工人与劳动的关系也发生了异

〔1〕 马克思：《1844年经济学哲学手稿》，人民出版社2018年版，第50页。

化。人从事劳动不再是满足自身劳动的需要（一种本质需要），而是“满足劳动以外的那些需要的一种手段”。[1]工人们并不是为了满足本质需要而主动地、能动地进行劳动，也不是为了发展自己的本质力量，实现自己的人生价值而劳动，而只是为了获得工资——一种外在的、生存性的需要而进行劳动。这样一来，劳动就工具化、功利化了，劳动的价值也被异化甚至丧失了。劳动变得与类本质的实现不再直接相关，甚至有碍于人的类本质的实现。工人只有在吃、喝、生殖等动物机能时才能体验到自己的主体性地位，觉得自己是一个人。而在处理人与自然对象性关系的劳动（异化劳动）中，他们却是被禁锢的、麻木的、机械的，感觉自身无论脑力和体力都沦为了工具，表现为自身的主体性地位的持续丧失、自身的本质力量的持续消耗。

人在异化劳动中主体地位的丧失和本质力量的消耗，却并不伴随着自身本质需要的同步满足与丰富。正相反，工人从事的劳动越多，他们就越丧失自身本质需要的对象，也越来越失去实现自身全面自由发展的可能性；工人生产的产品越多，他们自身的主体性就越遭到削弱，“工人生产的财富越多，他的生产的影响和规模越大，他就越贫穷。工人创造的商品越多，他就越变成廉价的商品。物的世界的增值同人的世界的贬值成正比”。[2]也就是说，通过劳动，劳动者实际上使自身非人

〔1〕　马克思：《1844年经济学哲学手稿》，人民出版社2018年版，第50页。
〔2〕　马克思：《1844年经济学哲学手稿》，人民出版社2018年版，第47页。

化，将自身沦为了廉价的商品。由此可见，在异化劳动中，劳动者的劳动对他们自身来说是具有负面意义的，他们的主体感受是苦恼的、不幸福的，因为他们在劳动中既失去了对象又丧失了自身，也就无法真正体验到劳动本身的价值。

而在马克思看来，作为类活动的劳动本身是具有绝对价值的，只是这种价值的存在和实现以非异化劳动为前提。人的类本质作为区分异化劳动和非异化劳动的标准，实际上也为劳动的内在价值作出了确认。马克思认为，自由的、有意识的活动才是真正符合人的类本质的非异化劳动。非异化劳动的价值在于其行为本身。作为人的类生活，劳动本身即是善与自由的表征，这是劳动对于满足人的本质需要和发挥人的本质能力所具有的基本价值，且不受劳动对象、劳动过程和劳动产品的影响。在非异化劳动中，人与劳动的关系就是主体与行为、需要与实现、能力与发挥的关系，这种关系的建立是人实现自身的必然。对于一个人来说，哪怕没有任何外在动力的驱使，他也是需要劳动的，这种劳动的需要以许多不同的形式呈现，并非只是物质资料的生产。例如，一个获得了财富自由的人，他是否就不再从事任何劳动了呢？至少从外在条件来看，他是无须劳动的，无须为衣食住行担忧，也无须参与竞争来争夺对象资源；假设世界以一种丰富开放的形态呈现在他的面前，他似乎可以拥有他想要的一切。但是，从内在来看，他仍然是需要劳动的。因为人是以普遍性为对象的类存在物，人需要通过劳动的对象性活动，才能将对象纳入自身本质力量的范围，实现和确证自身的存在，从而证明自己的能力，创造人生的价值。对于物质富足的人来说，他们在自然面前已经获得了相当程度的解放，可以脱离生存的低级需要去追求更高层次的自由发展的需要，依据自身兴趣和特长去选择想要从事的劳动：或进入艺术领域，去满足人更高层次的美的需要；或迷恋于对某一类物的占有，成为收藏家；也可能回归于自然，成为一个农夫、牧人，等等。无论选择哪一种工作，对主体来说，这些劳动的对象、结果和过程如何都不是是否从事该劳动的决定性因素。劳动本身就是人的本质需要，是人的主体性的确证，本身就蕴含着活动内在的善与自由。在“消灭劳动”即扬弃了异化劳动的共产主义社会里，人们并不就是无所事事的，他们仍要从事劳动，需要劳动。只是那时，劳动成了自由的表征，成了人全面发展的活动。“任何人都没有特殊的活动范围，而是都可以在任何部门内发展，社会调节着整个生产，因而使我有可能随自己的兴趣今天干这事，明天干那事，上午打猎，下午捕鱼，傍晚从事畜牧，晚饭后从事批判，这样就不会使我老是一个猎人、渔夫、牧人或批判者”。[1]这就是马克思为共产主义所描绘的人的非异化劳动状态，也是每一个人都梦想的生活：每一个人都能在非异化的劳动中实现自身的类本质，体会到人生自由与善的终极价值。

总之，在《手稿》的异化劳动理论中，马克思把人定义为类存在物，以人的类本质为劳动确立了基本的标准和价值。这

〔1〕《马克思恩格斯选集》（第1卷），人民出版社2012年版，第165页。

种劳动概念中人学标准的注入使马克思的异化劳动理论超越了过去思想家纯粹经济学的范畴，与人之为人的本质和现实、自由与发展紧密联系在一起。人的类本质决定了人的生命活动是自由自觉地处理人与世界普遍性关系的对象性活动，这是基于劳动概念为人设立的存在和活动标准。在对异化劳动的阐释中，马克思实际上以类本质的实现状态为非异化劳动作出了定义，规定了非异化劳动主体与对象的关系，也展示了非异化劳动本身的价值。在异化劳动理论的基础上，马克思还进一步揭示了私有财产和人的类本质之间的关系，为人类未来指明了扬弃异化、实现全面自由发展的历史方向。

2. 人的类本质与真正的人

在一切关于人的问题中，最基本的就是“人”的概念问题，即人如何定义自身，将自身以一种类的形象区别于动物和他物。马克思对这个问题的思考就是从批判现实的人的异化状态出发去发现真正的人的存在。

在具体的文本中，马克思对“真正的人”的论述多与政治批判相关，展示出人自私自利的个体存在与政治动物的社会属性之间的张力关系。在《〈黑格尔法哲学批判〉导言》中，马克思就提及了“真正的人”的概念，认为现代政治社会的批判问题应该提高到真正的人的问题。[1]马克思将政治问题与人本身的问题联系在一起。在《论犹太人问题》中，这种思路则

〔1〕 参见《马克思恩格斯选集》（第1卷），人民出版社2012年版，第6页。

更加明显。马克思把作为市民社会成员的人（bourgeois）和作为政治共同体的成员的人——公民（citoyen）进行了比较，他批判资本主义制度将市民社会的成员视为了本来意义上的人、真正的人。[1] 马克思认为真正的人只有以抽象的公民形式才可予以承认。[2] 也就是说，具体的、现实的人必须结合自身在抽象共同体中的存在状态，才能实现人本来意义上的存在。可见，马克思讨论“真正的人”的意旨就在于人类解放问题，他认为政治解决无法使人成为真正的人，“只有将现实的个人把抽象的公民复归于自身，并且作为个人，在自己的经验生活、自己的个体劳动、自己的个体关系中间，成为类存在物的时候，……人的解放才能完成”。[3] 换而言之，只有人再次成为类存在物，使人的类本质回归于自身时，人才获得解放，成为真正的人。可见，人的类本质也为真正的人设立了一个标准。

首先，人的类本质真正地定义了“人”。从概念定义的标准来看，只有人的类本质才能既历史又具体地作为人的概念定义标准。人类历史发展到现在，人在实践和意识领域都发生了巨大的变化，现在的人无论是在生理上还是心理上都与古代人有着明显的差别。在原始时期，人类的面貌与古猿相近，其毛发浓密、四肢健壮，口部也相对突出。由于生产方式的原始性，

〔1〕 参见《马克思恩格斯文集》（第1卷），人民出版社2009年版，第43页。
〔2〕 参见《马克思恩格斯文集》（第1卷），人民出版社2009年版，第46页。
〔3〕 参见《马克思恩格斯文集》（第1卷），人民出版社2009年版，第46页。

人类的劳动内容主要集中于狩猎和采集，这样的生产方式极大地促进了手的发展。后来，随着社会雏形的出现，人类处理与自然之间对象性关系的能力大大提高了。在其面貌上，人的上肢逐渐变小，下肢也没有以前健壮，毛发的特征也在衣物的作用下蜕化得非常明显。并且，人类语言的诞生、脑力活动的增加大大地促进了大脑的发育，人类的额头开始变得较为突出，口吻与颌骨则相对缩小了。由于人的改变，人的劳动也“经过一代又一代变得更加不同、更加完善和更加多方面了。除了打猎和畜牧外，又有了农业，农业之后又有了纺纱、织布、冶金、制陶和航海。最后出现了艺术和科学”。〔1〕与此同时，人作为类存在物而获得的现实性形式也“从部落发展为民族和国家，法和政治也发展起来了，而且和它们一起，人间事物在人的头脑中的虚幻的反映——宗教，也发展起来了”。〔2〕由此可见，人类一直处于进化的过程之中,无论是物质世界还是精神世界，人时时刻刻都在发生改变。在此过程中，人总体面貌的各个方面发生了或多或少的变化，但人依然还是人，与动物相区别的那个人类，并没有发生根本性的改变。这正是因为，人还一直处于潜能现实化的发展过程之中，尚未实现自身真正的存在，作为潜能的人的类本质尚未获得最终的成全。虽然我们可以用实践、意识、社会性等任何人类独有的特性来定义人，但这样

〔1〕《马克思恩格斯选集》（第3卷），人民出版社2012年版，第995页。

〔2〕《马克思恩格斯选集》（第3卷），人民出版社2012年版，第995页。

的定义更多地体现了人类历史的变迁与发展。人的类本质表征的则是永恒的、固有的人的类存在，是人以普遍性为对象的本质。只有以这样的本质作为对“人”的定义标准，才能解释人类族群如何自始至终保持整体稳定性和内在同一性的秘密。

其次，从概念定义的方式来看，使用人的类本质来定义“人”的概念比使用人的运动方式或其他共同特征来进行定义更为符合概念定义的一般方法。自人类诞生之日起，人的类本质的现实化活动——劳动使人与自然界逐渐区分开来。而在人类整体的内部，每个人与他人共同拥有的不变的、一般的类本质，使人始终存在于与他人客观的、普遍的联系之中。经现实化之后，就结成了人类社会，产生了各种各样的社会关系，人也就从此表现出依赖社会而存在的社会性特征。在自然与社会的对象逐渐丰富以后，人开始以自身为对象，有意识地塑造自身、决定自身的个性发展方向。实践性、社会性和自然性都是经验层面的人的特性，特性不是本质也不决定实体，只有本质才能决定特征、决定实体的存在和运动方式。在人的问题上，正如第一章所提到的那样，“人”作为一种能够在概念上独立的存在物，如果要其进行一个准确的定义，就应该弄清楚人的本质、人的存在与活动方式、运动规律这三个基本方面。在此，以马克思“人的类本质”概念为基点，定义“人”的概念所需的三个基本方面就有了根本的答案。作为一个真正的人，在其本质上是以普遍性为对象的对象性存在物；在其存在与活动的方式上，人的类本质也决定了人要以自由有意识的对象性活动为中介来实现和确证自身；在其运动规律方上，人的类本质的潜能现实化过程也展示了人类历史发展规律。因此，马克思对人是类存在物的判断符合“人”的概念定义方式，马克思“人的类本质”概念也规定了真正的人的存在。

经过本书的研究，马克思“人的类本质”概念所蕴含的丰富思想揭示了人的本质不仅仅是精神性、意识性的存在，也不完全等同于实践性、社会性。人在其存在和活动方式中体现出的意识性、实践性和社会性都是经验层面的人的类特性，它们与其他多样化的人类共同属性一起共同构成了随社会历史环境变化而变化的复杂的人性。自古以来，人们试图以神性、理性、道德、社会性、政治性等去指出人与动物的不同。但是，人并不是一种必须借助动物才能得以规定自身的存在。实际上，人可以通过任何对象来获得自身的规定性。归根结底，人是由其对象性本质所决定的，这种对象性本质就是人的类本质。作为潜能的人的类本质是人类自身内部矛盾的表征，蕴含着人占有对象世界、超越现实界限的本质需要和本质力量，需要的满足和力量的发挥使人在对象化的实践活动中成为一个自由自觉生成的历史过程。

总之，人的类本质定义了真正的人，人真正符合普遍性本质标准的“本质”只有“人的类本质”一种。人之为人不仅仅在于与其他存在物相区别的某种特殊性，而在于人能够以自身和万物的普遍性为对象，借由实践或意识的对象性活动，去建立和实现与自身的“类”和万物的“类”的普遍联系。真正的人就是这样一种存在物，“它把类看作自己的本质，或者说把自身看作类存在物”[1]，真正的人最终将回归于自身的类本质，获得自由全面发展、实现人与世界、与社会、与自身内外关系的普遍和谐。

三、人的类本质的现实化过程展示了人类历史发展规律

恩格斯《在马克思墓前的讲话》中指出：“正像达尔文发现有机界的发展规律一样，马克思发现了人类历史的发展规律”。[2]马克思对人类社会历史发展规律的探索和揭示是历史唯物主义的主要内容。在历史唯物主义中，马克思揭示了生产力与生产关系的矛盾运动是推动人类历史不断发展的根本动力。然而，人类社会生产力和生产关系的矛盾运动并不是一个无主体的抽象过程，在其根本上，这一过程要以人为主体性的标准、尺度和价值载体。

正如第六章第一节中所阐释的那样，马克思生产力的概念本身就具有对象性的特征，是人将自身整体置于人与自然的对象性关系之中所展现和发挥的本质能力。每一种生产力的概念都从不同角度、不同侧面反映了人利用自然、改造自然、从自然界获取满足自身需要的物质资料的能力。可以说，生产力的概念转化为哲学概念就是作为潜能的人的类本质现实化过程中所发挥的普遍性对象化能力。与生产力概念相对的生产关系

〔1〕 马克思：《1844 年经济学哲学手稿》，人民出版社 2018 年版，第 53 页。

〔2〕 《马克思恩格斯选集》（第 3 卷），人民出版社 2012 年版，第 1002 页。

概念则指代了社会关系最基本的内容，是人将自身置于人与人的对象性关系之中形成的联系，是人类内部存在和运行状态的表征。因此，对于整体的人类来说，生产力是一种处理外部关系的概念，生产关系则是处理人类内部关系概念。作为历史发展的根本动力，生产力和生产关系的矛盾展示的就是作为类存在物的人，作为历史主体的人，其内外对象性关系之间的永恒张力。

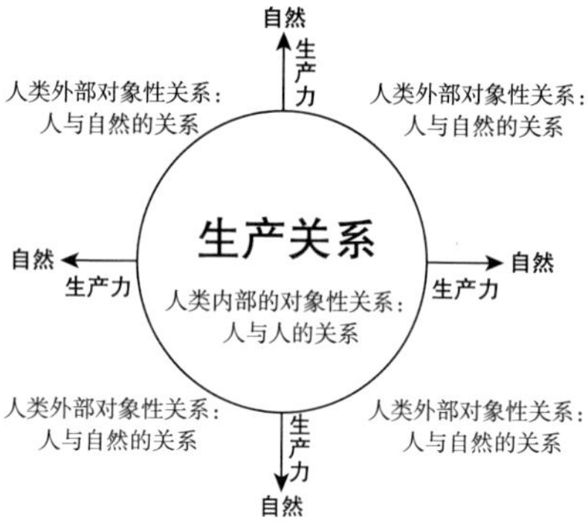

图 4　生产力、生产关系同整体人类的关系图

在人类内外这两种最基本的关系中，正如马克思所强调的那样，“人们为了能够创造‘历史’，必须能够生活”。〔1〕处理人与自然关系的对象性活动永远是第一位的。因此，处理人与自然对象性关系所指向的生产力相对于生产关系来说也是第一位的，“是一切历史的第一个前提”“是一切历史的基本

〔1〕《马克思恩格斯选集》（第 1 卷），人民出版社 2012 年版，第 158 页。

条件”[1]。最初，人在与自然的关系中获得了整体的独立性，因此人是类存在物。人与自然的对象性关系状态决定了人与人之间对象性关系的形成和发展。换而言之，生产力的发展构成了人类社会诞生和发展的决定性力量，这就是历史唯物主义中最核心的命题：生产力决定生产关系。人类共同本质力量的发挥、生产力的不断进步，必然导致人类社会形成与之相适应的生产关系，并基于生产关系之上形成一切社会关系的总和。“社会的物质生产力发展到一定阶段，便同它们一直在其中活动的现存生产关系或财产关系（这只是生产关系的法律用语）发生矛盾。于是这些关系便由生产力的发展形式变成生产力的桎梏。那时社会革命的时代就到来了。随着经济基础的变更，全部庞大的上层建筑也或慢或快的发生变革”。[2]可见，生产力的发展不仅决定了生产关系的形成，还决定了生产关系、社会关系的变革和发展。

反过来，人与人之间关系的对象性状态也影响着人在自然面前整体性主体功能的发挥，即生产关系反作用于生产力。社会关系中最主要的交往形式——生产关系的发展与更新使人在自然面前能够更好地集中起普遍的本质力量进行物质资料的生产。否则，一旦社会关系交往组织形式无法适应生产力发展的需要，或者人类社会内部的关系出现了较大的不和谐性（例如

〔1〕《马克思恩格斯选集》（第1卷），人民出版社2012年版，第158页。

〔2〕《马克思恩格斯选集》（第2卷），人民出版社2012年版，第2—3页。

革命、战争等），人们就不得不花费更多的精力来处理人与人之间的关系，使生产关系恢复到与生产力发展水平基本相适应的轨道上来。那么，这一时期的人类就很难以整体的最佳性能状态来处理人与自然的对象性关系。也就是说，先进的生产关系促进生产力的发展，落后的生产关系则对生产力的发展产生阻碍作用，这种阻碍作用达到一定程度则必然导致社会变革的发生。由此可见，生产力和生产关系的矛盾构成了人类历史发展的根本动力，这一矛盾也是人在其内外对象性关系中不同存在状态之间的矛盾。

在这样的矛盾中，一方面，生产力总是最活跃的因素。因为人类要使自身始终居于主体性的地位，就一刻也不能停止通过劳动、生产或实践来占有和改造对象世界，实现自身类本质现实化的潜能。因此，只要人类社会的发展没有出现重大的意外事件，生产是一刻也不会停止的，生产力也总是一代一代继承、延续和累积的。另一方面，以生产关系为核心的社会关系则是相对稳定的因素。马克思认为，人的本质在其现实性上是一切社会关系的总和，而社会作为一个既具有普遍性又具有现实性的系统，其内在结构“有法律的政治的上层建筑竖立其上并有一定的社会意识形式与之相适应的现实基础”。[1]因此，生产关系具有相当的稳定性。于是，活跃的生产力和稳定的生产关系之间构成了“基本适应—不适应—基本适应”的矛盾运

〔1〕《马克思恩格斯选集》（第2卷），人民出版社2012年版，第2页。

动过程，体现出生产关系一定要适合生产力发展的规律和趋势；在人的角度，人的类本质与现实存在状态之间则构成了“基本符合—不符合—基本符合”的矛盾运动过程，体现出人的现实存在一定要符合人的类本质的发展方向。这两个矛盾运动过程是同一个过程，马克思“人的类本质”概念则是历史唯物主义背后联系这两个过程同一性的主体性线索，使马克思无论在哲学领域还是政治经济领域都为人们揭示出了人类历史发展的根本规律，回答了人是什么、干什么、从哪里来、到哪里去的终极问题。

根据人的类本质为真正的人所设立的标准，人就是以普遍性为对象的主体性存在。“历史不过是追求着自己目的的人的活动而已”。[1]第一，“人”从一开始就是整体的人，以其类的普遍性的形式而诞生，并在处理人与自然对象性关系的活动中把握万物的普遍性、规律性。万物的普遍性是客观存在的，人通过把握万物的普遍性而实现自身普遍性的客观存在，并以此为基础建立起人的主观世界。人通过二重化的实践活动使对象和自身的普遍性得以现实化，也就在实践的过程中既改造了自然界又改变了自身。因此，人的类本质的现实化过程就是人类改变世界、自我发展的历史过程，这一过程也呈现为生产力和生产关系矛盾运动的基本内容。第二，作为潜能的人的类本质赋予了人本质需要和本质力量的统一，也规定了人的存在和

〔1〕《马克思恩格斯文集》（第1卷），人民出版社2009年版，第295页。

活动方式。作为主体的现实的人受其对象性本质需要的驱动，要通过占有和改变对象的对象性活动（实践、劳动或生产）来发挥和运用自身的本质力量，才能实现自身的发展，主体的类本质也因此在对象性活动中得到了从潜能到现实的形式转化。第三，人的类本质决定了人最本质的需要就是对象化的需要，是劳动的需要，是人能够在更普遍意义上更广泛地占有对象普遍性的需要。为满足这种需要，人必须通过对象化的活动中介性地实现自己，并在实现自己的过程中不断发展自身的本质力量。在社会中，这种本质力量的发挥则形成了生产力的基本现实。人能够结成社会并在社会中与他人一起，共同凝聚成强大的社会生产力，也为孤立个体能够在更普遍的层面实现自身类本质创造了条件。因此，人类历史发展呈现出一个由抽象的“类”以具体形式表现出来的过程，类本质的现实化就是人不断实现自身、获得其潜能现实化的过程。人的类本质在现实化过程中体现出实践性、意识性、社会性等都是人的类特性。在以自身力量创造历史的活动中,真正的人是以普遍性为对象的、居于能动地位的主体，对象则是蕴含着客观普遍性的客体。在真正的人与对象的关系之中，对普遍性的强调就是从类的视角观察世界的标准。人类目前所把握的任何自然规律都要在普遍性的观念上进行理解，马克思对人类社会发展规律的揭示也是在宏观上对人类普遍性的把握和追求。

人从自然界而来，通过不断追求和实现自身类本质的潜能，最终将真正占有自身的类本质，实现内外关系普遍和谐的共产主义。这一关于人类存在和运动的规律不是一种宿命论而是真正属于人的自然法则。共产主义社会是最具有特殊性的人的个性存在与最大普遍性的人的类存在之间的和谐统一，是全人类中每个个体在最普遍的、整体人类的层次上把自身的现实本质与类本质统一起来，获得内外一切关系的和谐状态。在这种状态下，人将“推翻一切旧的生产关系和交往关系的基础，并且第一次自觉地把一切自发形成的前提看做是前人的创造，消除这些前提的自发性，使这些前提受联合起来的个人的支配”。[1]也就是说，在真正共同体获得实现时，对生产力和生产关系的描述将再次回归为哲学性的概念，回归为有关主体的人的概念。因此，虽然马克思的文本中可能没有很好地显示出他对“人的类本质”概念的重视，他后期的理论也主要关注现实领域，侧重于从人的外在角度去描述生产力与生产关系矛盾运动中资本主义政治经济的客观事实，但是，“人的类本质”概念在马克思思想体系中的作用仍然是不可或缺的。作为定义真正的人和非异化劳动的标准，人的类存在就是人类历史主体逻辑的根本支撑点。

如今，随着经济全球化的深化发展，人类社会的普遍生产力正在日益凝结为“类力量”，人类内部社会关系日益复杂而现实化，人类整体的前途命运也紧密联系在了一起。在这样的“命运共同体”中，一方面，虽然个人在跨国际、跨民族的社

〔1〕《马克思恩格斯选集》（第1卷），人民出版社2012年版，第202页。

会交往关系中获得了一定程度上世界公民的属性；但在国家层面，受地缘经济和国际政治力量重构等因素的影响，以邻为壑的保护主义甚至“逆全球化”纷纷抬头，为类存在的现实化带来了巨大阻碍。另一方面，虽然个人在“物的依赖性”基础上获得了现实中个体的独立地位，但在类的层面，随着资本主义私有财产的普遍化，个人主义意识形态的极端膨胀也使类的现实化面临着困难。当现实的个体依赖于物而获得了独立性，也就日益忽视自身直接的社会关系，日益疏离于自身的类本质，体现出个体本位人性的极端利己主义以及人与人之间社会关系的普遍冷漠化。并且，在以个人本位为价值倾向的现代资本主义社会中，丰富的物质资料把个人“包围”在眼花缭乱的丰富对象世界之中，这种物的包围亦是一种围困，是一种隔离，将具有社会关系的个人以物的联系隔离开来，封闭为一个个单子式和孤立的个体。人与人之间的联系不再是直接的、自然的联系，而是依赖于物——是人的本质需求和本质力量客观化凝结而成的现实物——商品、财产等，甚至还可能是主观化凝结而成的虚幻物——符号、数字等。仿佛离开了物，人与人之间就无法交流，无法建立联系了。可见，物在人与人之间的普遍交往中越来越成为一种支配性的力量。这样一来，人的主体性被弱化了，最终加剧了人的类本质与个体生活的脱离。随着现代科技的高速发展，网络虚拟世界的构建，数字经济时代的来临，人与自身类本质、人与人之间的这种异化关系状态越来越严峻。虽然一切尚未达到马克思所言“无法忍受”的程度，但人们始终在寻找一个摆脱现实痛苦的出口。

200 余年了，历史背后那个身形伟岸、满脸鬈须的老人似乎还在为人类的痛苦挣扎而伏案叹息，还在为人类的前途命运而殚精竭虑，他尽其一生，为我们指明了那个出口的方向——共产主义。在那样一个社会里，“人（作为类存在的人）就是人（现实的人）的最高本质”。〔1〕只有推翻使人成为受屈辱、被奴役、被遗弃和被蔑视的东西的一切关系，〔2〕充分实现人的主体性地位，充分发挥人的对象性潜能，使每一个人都回归于自身最高的类本质，人才成为真正的人，“成为自己的社会结合的主人,从而也成为自然界的主人,成为自身本身主人——自由的人”〔3〕也就在人与自然、与社会、与自身的三重对象性关系中获得一切矛盾问题的根本解决、实现人内外关系的普遍和谐，实现人的自由解放和全面发展。

〔1〕《马克思恩格斯选集》（第 1 卷），人民出版社 2012 年版，第 10 页。

〔2〕参见《马克思恩格斯选集》（第 1 卷），人民出版社 2012 年版，第 10 页。

〔3〕《马克思恩格斯选集》（第 3 卷），人民出版社 2012 年版，第 817 页。

参考文献

一、中文类参考文献

（一）经典著作

1.《马克思恩格斯选集》（第1卷），人民出版社2012年版。

2.《马克思恩格斯选集》（第2卷），人民出版社2012年版。

3.《马克思恩格斯选集》（第3卷），人民出版社2012年版。

4.《马克思恩格斯文集》（第1卷），人民出版社2009年版。

5.《马克思恩格斯文集》（第3卷），人民出版社2009年版。

6.《马克思恩格斯文集》（第5卷），人民出版社2009年版。

8.《马克思恩格斯全集》（第1卷），人民出版社1956年版。

9.《马克思恩格斯全集》（第20卷），人民出版社1971年版。

10.《马克思恩格斯全集》（第40卷），人民出版社1982年版。

11.《马克思恩格斯全集》（第42卷），人民出版社1979年版。

12.《马克思恩格斯全集》（第 46 卷，下册），人民出版社 2003 年版。

13. 马克思：《1844 年经济学哲学手稿》，人民出版社 2018 年版。

14. 马克思、恩格斯：《共产党宣言》，人民出版社 2014 年版。

15. 马克思：《黑格尔辩证法和哲学一般的批判》，贺麟译，人民出版社 1955 年版。

16. 马克思：《博士论文：德谟克里特的自然哲学与伊壁鸠鲁的自然哲学的差别》，贺麟译，人民出版社 1961 年版。

17. 恩格斯：《自然辩证法》，中共中央马克思恩格斯列宁斯大林著作编译局译，人民出版社 1971 年版。

（一）中文著作

18. [德] 黑格尔：《法哲学原理》，范扬、张企泰译，商务印书馆 1961 年版。

19. [德] 黑格尔：《精神现象学》（上卷），贺麟、王玖兴译，商务印书馆 1979 年版。

20. [德] 费尔巴哈：《基督教的本质》，荣震华译，商务印书馆 1984 年版。

21. [德] 路德维希 · 费尔巴哈：《费尔巴哈哲学著作选集》（上卷），荣震华、李金山译，商务印书馆 1984 年版。

22. [古希腊] 亚里士多德：《形而上学》，吴寿彭译，商务印书馆 1959 年版。

23. [古希腊] 亚里士多德《政治学》，吴寿彭译，商务印书馆 1997 年版。

24. [美] 奥尔曼：《异化：马克思论资本主义社会中人的概念》，王贵贤译，北京师范大学出版社 2011 年版。

25. [美] 诺曼·莱文：《马克思与黑格尔的对话》，周阳等译，中国人民大学出版社 2016 年版。

26. [法] 路易斯·阿尔都塞：《保卫马克思》，顾良译，商务印书馆 2010 年版。

27. [英] 肖恩·塞耶斯：《马克思主义与人性》，冯颜利译，东方出版社 2008 年版。

28. [英] 以赛亚·柏林：《卡尔·马克思》，李寅译，译林出版社 2018 年版。

29. [匈牙利] 乔治·马尔库什：《马克思主义与人类学——马克思哲学关于“人的本质”的概念》，李斌玉、孙建茵译，黑龙江大学出版社 2011 年版。

30. 张秀琴：《西方马克思主义发展史》，人民出版社 2017 年版。

31. 李涛：《亚里士多德的潜能与成全学说》，中国社会科学出版社 2017 年版。

32. 洪波：《马克思个人理论的整体性与当代性研究》，浙江大学出版社 2015 年版。

33. 袁贵仁：《马克思主义人学理论研究》，北京师范大学出版社 2012 年版。

34. 孙伯鍨、张一兵：《走进马克思》，江苏人民出版社 2012 年版。

35. 武天林：《实践生成论人学》，北京师范大学出版社 2005 年版。

36. 俞吾金、陈学明：《国外马克思主义哲学流派新编》（上下册），复旦大学出版社 2002 年版。

37. 高清海、胡海波、贺来：《人的“类生命”与“类哲学”：走向未来的当代哲学精神》，吉林人民出版社 1988 年版。

38. 复旦大学哲学系现代西方哲学研究室：《西方学者论〈一八四四年经济学—哲学手稿〉》，复旦大学出版社 1983 年版。

39. 中共中央马克思恩格斯列宁斯大林著作编译局：《〈1844 年经济学—哲学手稿〉研究》，湖南人民出版社 1983 年版。

（一）中文论文

40. ［韩］梁承兑：《作为一种存在论规定的人的本性概念——马克思人的本性问题再思考》，金寿铁译，载《现代哲学》2019 年第 3 期。

41. ［法］安诺澜：《作为亚里士多德阐释者的马克思》，曾怡译，载《国外马克思主义研究》2017 年第 5 期。

42. 李科政：《实践作为人的自由与本质——从亚里士多德、康德到马克思的发展变革》，载《四川师范大学学报（社会科学版）》2021 年第 2 期。

43. 白雪：《马克思“类存在”思想的逻辑进路》，载《理论观察》2020 年第 8 期。

44. 汪信砚、柳丹飞：《马克思的类概念探析》，载《社会科学战线》2019 年第 9 期。

45. 宋晓丹：《马克思基于现实的“类本质”哲学与人类命运共同体的建构》，载《西北大学学报》2019 年第 8 期。

46. 雷勇、陈锦宣：《论马克思对费尔巴哈“类本质”思想的扬弃》，载《学术研究》2018 年第 7 期。

47. 苑承丽：《马克思关于“人的本质”的三个维度——评乔治·马尔库什〈马克思主义与人类学〉》，载《学术交流》2018 年第 7 期。

48. 张福公：《青年马克思的生产力概念及其哲学意义再探》，载《哲学动态》2016 年第 5 期。

49. 张奎良：《人的本质：马克思对哲学最高问题的回应》，载《北京大学学报》2015 年第 5 期。

50. 张国安：《马克思关于人的本质的四重含义及其现实意义》，载《甘肃社会科学》2015 年 6 月，第 7 版。

51. 施冠男：《马克思的类概念与当代类哲学》，载《学理论》2016 年第 12 期。

52. 文学平：《论唯物主义认识论中的知觉问题如何理解〈关于费尔巴哈的提纲〉第一条》，载《浙江大学学报》2017 年第 4 期。

53. 刘海江：《马克思和费尔巴哈类概念比较研究》，载《北方论丛》2014 年第 3 期。

54. 白春民：《从“类本质”视角解读“以人为本”思想

的内涵》，载《理论导刊》2011年第1期。

55. 宫敬才：《“阿尔都塞问题”与“人学公式”的误读》，载《马克思主义与现实》2011年第2期。

56. 李文堂：《马克思关于“人”的概念》，载《南京大学学报》2010年第47期。

57. 金艳芬、张士清：《人性的历史主义形式——肖恩·塞耶斯对马克思人性观的解读》，载《社会科学辑刊》2010年第6期。

58. 胡绪明、杨向东：《论西方马克思主义关于人的问题的两种解释路向》，载《哲学百家》2008年第3期。

59. 王东、林锋:《论“类本质异化”与费尔巴哈思想之关系》，载《中州学刊》2007年第6期。

60. 陈启能：《论马克思关于人的本质的论断》，载《山东社会科学》2005年第1期。

61. 刘卓红、石德金：《人的类本质：结构与回归——解读马克思〈1844年经济学哲学手稿〉中的人的类本质思想》，载《华南师范大学学报》2004年第6期。

62. 艾福成：《马克思关于人的类本质理论及其意义》，载《吉林大学社会科学学报》2000年第4期。

63. 李庆钧、吴坚：《从赞成到否定：马克思对费尔巴哈的“类”的态度》，载《扬州大学学报》1999年第2期。

64. 王双桥：《论人的类本质》，载《求索》1998年第1期。

65. 高清海：《人正在自觉地走向“类存在”》，载《吉林大学社会科学学报》1998年第1期。

66. 高清海:《人的类生命、类本性与“类哲学”》,载《长白论丛》1997年第2期。

67. 韩民青:《人的类本质与社会关系本质》,载《文史哲》1997年第1期。

68. 岳勇:《人的本质的发现:从个体和类到个人和社会》,载《内蒙古社会科学》1997年第3期。

69. 王锐生:《唯物史观与类概念》,载《长白论丛》1997年第4期。

70. 韩民青:《马克思关于人的类本质与社会关系本质的思想》,载《当代世界与社会主义》1996年第3期。

71. 孙慧玲:《论具体普遍性——黑格尔两种普遍性合理思想的阐发与改造》,载《求是学刊》1995年第1期。

72. 李连科:《马克思关于“人”的类概念是科学的抽象——与冯宪光同志商榷》,载《学习与探索》1982年第5期。

73. 王锐生:《人的自然性是马克思异化学说的理论前提吗?——与兰秀良同志商榷》,载《国内哲学动态》1981年第12期。

74. 侯相林:《“类本质”辨析——学习马克思〈1844年经济学—哲学手稿〉札记》,载《内蒙古大学学报》1983年第1期。

75. 侯相林:《浅议类本质及其异化》,载《内蒙古社会科学》1982年第5期。

76. 冯宪光:《论马克思对“人”的类概念的使用》,载《社会科学研究》1982 年第 1 期。

二、外文类参考文献

（一）著作类

77.Norman Levine, *Marx's Resurrection of Aristotle*, Palgrave Macmillan, 2021.

78.Mehmet Tabak, *Dialectics of Human Nature in Marx's Philosophy*, New York, Palgrave Macmillan US, 2012.

79.Allen W.Wood, *Karl Marx*, New York：Routledge, 2004.

80.David Harvey, *Space of Hope*, Edinburgh University Press, 2000.

81.Norman Geras, *Marx & Human Nature*: *Refutation of a Legend*, London: Verso, 1983.

82.Agnes Heller, *Theroy of Need in Marx*, Allison&Busby, 1976.

83.Lucio Collectti, *Marxism and Hegel*, *translated by Lawrence Garner*, London：NLB, 1973.

84.Lefebvre H, *The Sociology of Marx*. New York: Random House. 1968.

（二）论文类

85.Chris Byron, *Essence and Alienation*: *Marx's Theory of Human Nature*, Science&Society, Vol.80, No.3，Jul. 2016, pp.375−394.

86.Gerda Roelvink, *Rethinking Species-Being in the Anthropocene*, Rethinking Marxism, Vol, 25.No.1, Jan, 2013.

87.James M.Czank,*On the Origin of Species-Being*: *Marx Redefined*, Vol.24, Mar, 2012, pp.316–313.

88.Dyer–Witheford N, *The Return of Species-Being*, Historical Materialism, Vol.12, No.4, Dec.2004, pp.1–23.

89.Mulhall S, *Species-being, teleology and individuality part I*: *Marx on species-being*, Angelaki Journal of Theoretical Humanities, 1998.

90.Mulhall S,*Species-being, teleology and individuality part II*: *Kant on human nature*, Angelaki Journal of Theoretical Humanities, 1998.

91.Mulhall S, *Species-being, teleology and individuality part III*：*Alienation and self-realisation the physiognomy of the human*, Angelaki Journal of Theoretical Humanities, 1998.

92.Thomas E. Wartenberg, *'Species-Being' and 'human nature' in Marx*, Human Studies, vol.5, No.2, Apr. Jun, 1982, pp.77–95.

93.Christensen K. R, *The Concept of 'Species Being' in the Works of Feuerbach and Marx*, 1982.

94.Paul Santilli, *Marx on species-being and social essence*, Studies in Soviet Thought, Vol.13, No.1, Jul, 1973, pp.76–88.

95.Glass JM.Marx, *Kafka and Jung*: *The Appearance of Species-being*, Politics & Society, 1972.

后　记

没有谁的理论是永远完美的，就像没有谁的人生能够毫无遗憾。理论也好，人生也罢，但凡有些许闪光之处引人注目或令人难忘已是弥足珍贵了，能够将某个理论、某项事业一以贯之、付诸实践更是需要令人敬佩的勇气和锲而不舍的坚持，这是每一个伟大的心灵的全部秘密。马克思就是这样一位勇敢坚持的人，他的思想处处闪耀着天才般的智慧与光辉。在马克思的一生中，他始终坚持对人类生存发展问题的深切关怀，也一直致力于为人类前途命运谋求一个更光明的未来。本书所研究的马克思“人的类本质”概念，其实是每个人都应该关注的问题。马克思所追求的人的类本质的实现也与每个人的生存发展息息相关。只是，现实中很多人还深陷而不知，不知其所以、不知其所向、不知其本真，也不知其异化，只在随波逐流、逆来顺受的浑噩之中度过，宝贵的生命甚至连一点闪光都来不及显现，就被湮没在历史的滚滚洪流之中。而马克思的坚持就像夜空中闪烁的恒星，始终为人们指引着思考和实践的方向。

在研究马克思“人的类本质”概念的过程中，我受益匪浅，感悟颇多。不过，对于概念研究来说，我的过多感悟可能是一种遗憾。一方面，在论述本书相关的问题时，我自觉可能存在着一些过于发散的思维，也就不自觉地在对马克思的阐释中加入了自己主观思考的内容。另一方面，囿于自身能力的有限性，我也可能并没有很好地把自己的相关感悟表达清楚。诸此遗憾我坦然承认并深表歉意。经过多次斟酌修改，仍然决定保留了文中一些相对主观的内容，希望以后还有机会能够继续完善，也希望在遗憾之余本书尚能有些许闪光之处。若无也无妨。正如劳动是实现人的类本质的需要，其价值在于劳动本身的自由和善一样，思考的意义也在于思考本身。一个人能够去思考就获得了思考本身的意义，至于思考的过程如何，结果和意义如何？那则是以一定价值立场和主观标准而作出的外在判断。外在的判断有助于主体反思和修正自己的思想，但并不能决定主体思考活动本身的意义。因为相比结果，更重要的是，我们要去思考，要去付诸实践。在思考和实践中，我们的存在就获得了充实。人生的意义不在于我们必须要取得什么样的成就，或成为像马克思那样的伟人，但我们能够受到伟人的启示，认真地去生活、去工作，去实现自己的潜能，我们的生命就具有了最根本的价值。

本书是在我硕士学位论文的基础上修改完成的。对马克思“人的类本质”概念的研究能够形成这一阶段性的成果。付梓之际，深感喜悦与感激。

首先，我要诚挚地感谢我的导师文学平老师。本书的基础论文从定题、拟纲、撰写到完成，都离不开他的指导和帮助。在文老师的指导下，我将马克思“人的类本质”概念作为研究主题，在研究的过程中我愈加发现这一概念在马克思主义哲学中的重要基础性地位，对这个问题的研究也让我在对自我、对社会以及对人生的认识上有了更加深刻的体会。在拟纲和撰写的过程中，文老师一方面在整体框架设计上为我提出诸多指导性的意见；另一方面也给予我较大的研究自由，叮嘱我一定要学会独立思考、提高问题意识，不要被他人的研究成果束缚思想。在本书出版的过程中，文老师也鼓励我、支持我，给予我信心、耐心和帮助。这份师恩我受益终身，也将永远铭记于心。

其次，我还要感谢我在西南政法大学马克思主义学院学习期间授我以业的曾凡跃老师、周发财老师、陈应琴老师、张立达老师、王国华老师、靳松老师、李果老师、徐冰老师、肖朗老师等，他们的教导让我受益匪浅。感谢2019级西南政法大学马克思主义学院哲学专业的各位同学们，他们在平时的生活和学习中不吝帮助和鼓励，令我倍感爱与温暖。感谢当代中国出版社为本书付出辛勤努力的各位编辑老师们，本书能够成功以此面貌呈现于世，离不开他们的帮助和支持！

王翕

2023年1月20日